19,80

Herderbücherei

Band 8832

Das Buch

Dieses Buch des Betens ist für alle geschrieben, die ihr ganz persönliches Leben und die Geschicke der Welt im Gebet vor Gott tragen möchten – in einer Sprache, die sowohl dem Erleben wie dem Glauben Ausdruck gibt: ungekünstelt, lebensnah, klar. Der bekannte franziskanisch spirituelle Autor versammelt hier über 300 Gebete zu bestimmten Zeiten des Tages und des Jahres sowie zur Vielfalt der Lebenssituationen und Lebenserfahrungen, gegliedert in sieben Themenkreise: Die sieben Tage der Woche vom Morgen bis zum Abend – Die sieben Zeiten des Kirchenjahres – Die sieben Sakramente – Die sieben Lebensalter – Die sieben Kräfte der Seele – Die sieben Werke der Menschlichkeit – Die sieben Stufen der Lebens- und Gotteserfahrung: Gebete des Lebens für heute.

Der Autor

Anton Rotzetter, geboren 1939, Dr. theol., Kapuzinerpater im Kloster Wessemlin, Luzern; Autor viel gelesener geistlicher Bücher, vor allem zu Themen franziskanischer Spiritualität, zuletzt bei Herder: „Gott, der mir Leben schafft – Meditationen", ein praktischer spiritueller Begleiter durch das Kirchenjahr, 1994. Besuche in den Elendsquartieren von Rio de Janeiro und in Tansania, die sein Denken und Fühlen veränderten.

Anton Rotzetter

Gott, der mich atmen läßt

Gebete des Lebens

Herder
Freiburg · Basel · Wien

Gedruckt auf umweltfreundlichem,
chlorfrei gebleichtem Papier

Neuausgabe 1994

5. Auflage

Herstellung: Freiburger Graphische Betriebe 1998
Umschlagmotiv: Jyoti Sahi, Der Auferstandene.
ISBN 3-451-08832-0

Inhalt

Vorwort

Was ich Dir, liebe Schwester, lieber Bruder, mit diesem Buch geben kann, sind Worte. Was ich Dir nicht geben kann, ist das Schweigen. Und doch ist das Schweigen viel wichtiger als das Wort. Denn das Schweigen im Hintergrund gibt dem Wort erst seinen Sinn und seine Tiefe. Das gilt ganz allgemein, besonders aber für das Gebet. Gebete sind Worte auf einem Meer von Schweigen.

Ebensowenig wie das Schweigen kann ich Dir den Atem geben, der die Worte begleitet. In den Sprachen, die unsere abendländische Tradition bestimmen (Hebräisch, Griechisch, Lateinisch), gebraucht man das gleiche Wort, wenn man „Atem", „Hauch", „Wind", „Geist", „Leben" meint. Das alles kann ich Dir nicht geben. Und doch ist das alles viel wichtiger als Worte. Diese werden nur Gebet, wenn Dein Atem, der göttliche Atem dabei ist, wenn sie Deinen Hauch, den Hauch der Liebe enthalten, wenn sie so leise oder so stark sind wie der Wind, wenn sie von Deinem Geist, dem Heiligen Geist ausgehen und wenn sie Dein Leben ausdrücken.

Wenn Du also beten willst, dann werde still, sammle Dich, stelle Dich vor das unergründliche Geheimnis. Vielleicht hilfst Du Dir, indem Du die Augen schließt, den Kopf neigst, mit dem ganzen Leib stehst, sitzest oder kniest. Vielleicht schaust Du auf ein Bild. Vielleicht ziehst Du mehr abstrakte Vorstellungen vor: einen Halbkreis, der sich über Dir und der ganzen Welt wölbt; eine Linie, die Du nicht überschreiten kannst; einen Punkt in der Mitte Deines Herzens, den Du nicht zu fassen vermagst.

Du kannst diese Gebete auch mit anderen zusammen beten: mit einem Freund, in der Familie, in einer Gruppe, in einem Gottesdienst in der Kirche. Auch hier ist wichtig, daß Du Dir des Leibes bewußt wirst. Wir drücken uns in Haltungen aus und brauchen Symbole: ein Licht, das wir ganz bewußt anzünden und in die Mitte stellen; die Hand, die wir uns beim Beten oder Singen geben; einen Kreis, den wir bilden ...

Mit meinen Gebeten möchte ich nicht Deine Phantasie ersetzen oder verdrängen. Im Gegenteil: Halt ein, wenn der schöpferische Geist über Dich kommt, bleib still oder find andere Worte und Zeichen. Wichtig bist Du und Dein Gott.

Ich möchte hier nicht eine Theorie des Gebetes vorlegen. Das habe ich in meinem Buch über „die Selbstverwirklichung des Christen" versucht (Benziger Verlag). Dort wollte ich zeigen, wie das Gebet ein wesentliches Mittel zur Selbstverwirklichung ist. So gut das Buch bei vielen auch aufgenommen wurde, bei den einen oder anderen ist es doch auf Ablehnung gestoßen: Es würde keine Hilfe bieten für die „nachchristliche Zeit" und sei zu sehr der Tradition verhaftet. Ich fühle mich als Christ und kann darum nicht aus der christlichen Tradition aussteigen. Wenn ich Dir diese Gebete anbiete, dann sind es eben meine Gebete. Sie reden zu dem Gott, der sich in der Geschichte der Juden und Christen gezeigt hat, zu einem Gott, den ich nach wie vor als großes Du erfahre, den ich auch heute noch mit jenem Wort anreden will, das für mich das höchste Wort der Welt ist: Du.

Aber nicht nur dieses „Du" bleibt für mich unangetastet, sondern auch die großen Inhalte des Gebetes. Doch muß man sich bewußt sein, daß diese Inhalte auch von unserer Zeit geprägt werden, die durch den Hunger, das Massenelend, die wahnsinnige Rüstungsindustrie, die Umweltkrise, die Angst vor der Zukunft und durch vieles andere bestimmt ist. Ich bemühe mich, all das vor Gott auszusprechen.

An dieser Stelle möchte ich auch betonen, daß unser christlicher Glaube im öffentlichen Bereich gelebt und bezeugt werden muß. Gebet, Gottesdienst und Frömmigkeit müssen zum Handeln, auch zu einem politischen Handeln drängen und von diesem geprägt sein. Ich bin überzeugt, daß wir als Betende die Welt verändern müssen und daß dieses Bemühen in unserem Beten selbst zum Ausdruck kommen muß.

Die Gebetssprache ist an einen Punkt gekommen, wo sie von vielen Menschen nicht mehr ehrlich mitvollzogen werden kann. Heute müssen wir neue Worte finden. Ich bin darum dankbar für die Doktorarbeit meiner langjährigen Mitarbeiterin Elisabeth Hug (Reden zu Gott. Überlegungen zur deutschen liturgischen Gebetssprache, Zürich 1985), die auch – zusammen mit Br. Adjut Inderbitzin OFMCap – die Korrekturen las. Ich bin, was die Sprachform anbetrifft, wesentlich von dieser Dissertation abhängig. Nicht in allem und nur so weit, wie ich die beschriebenen Kriterien bereits in mir trage. Ich möchte Dich aber nicht langweilen mit einer detaillierten Beschreibung des Hintergrundes, der meine Gebetssprache bestimmt.

Noch ein paar Bemerkungen *zum Aufbau* des Buches: Du wirst feststellen, daß ich ein konsequentes Siebenerschema verwende. Die Zahl Sieben ist in der Geschichte der Menschen nicht nur eine mathematische, sondern eine symbolische Zahl. Sie bedeutet: Fülle, Ganzheit, Heil. Wie aber sollen wir Fülle, Ganzheit, Heil inhaltlich bestimmen? Die Worte haben ihre Grenzen, und mit Schweigen würden wir uns der Aufgabe entziehen, die Fülle zu benennen. So müssen wir zum Mittel von Form und Struktur greifen. Dazu gehört auch die Sieben, die Aufbau, Struktur und Form dieses Buches bestimmt. Damit soll gesagt sein: Gott ist die Fülle, und die Ganzheit des Lebens mündet in Gott. So findest Du also sieben Teile. Jeder Teil hat sieben Kapitel. Und jedes Kapitel enthält sieben Gebete.

Noch etwas zu den einzelnen Teilen. Einige Strukturelemente des Buches wirst Du wahrscheinlich von vorneherein erwarten: „Die sieben Tage", „Die sieben Sakramente". Andere kennst Du vielleicht weniger. Sie sind aber ebenso stark in der christlichen Tradition verwurzelt wie die eben genannten.

So hat man zum Beispiel lange Zeit das ganze Leben in ein Siebenerschema gefaßt: „Die sieben Lebensphasen". Ein anderes altes Siebenerschema ist die Fülle der christlichen Grundhaltungen (Tugenden). Ich nenne sie in diesem Buch „Die sieben Kräfte". Dasselbe gilt für die Summe der guten Werke („Werke der Barmherzigkeit"), anders gesagt: „Die sieben Werke". Man versuchte auch immer wieder, den Weg zu Gott in „sieben Stufen" zu beschreiben. Allerdings nicht immer mit den gleichen

Inhalten. Ich folge mit meinen Gebeten dem „Pilgerbuch der Seele zu Gott" des heiligen Franziskanertheologen Bonaventura († 1274). Einzig die Gebete zum Kirchenjahr sind nicht einem traditionellen Schema verpflichtet.

Schließlich möchte ich Dir noch sagen, daß dieses Buch auf eine Initiative des Verlages Herder zurückgeht, der eines Tages mit dem Vorschlag an mich herantrat, ein Gebetbuch zu verfassen. Ich konnte dabei auf viele Gebete zurückgreifen, die ich für meine seelsorgliche Praxis geschrieben oder die ich – nach dem freien Beten im Gottesdienst – aus der Erinnerung heraus aufgezeichnet habe [zum Teil veröffentlicht in: A. Rotzetter, Wenn du beten lernen willst. Meditationscassette, Zürich – Einsiedeln – Köln/Freiburg i. Br. 1981: in diesem Buch mit * gekennzeichnet]. Andere habe ich erst für dieses Buch verfaßt.

Nun möchte ich mich und alle, die an diesem Buch gearbeitet haben, Deinem Beten empfehlen, und ebenso alle, die mit Hilfe dieses Buches beten wollen.

Schwyz, Mitte Juli 1985 *Anton Rotzetter OFMCap*

Vorbereitung

Wenn ihr beten wollt, so sprecht:

Vater unser im Himmel
Geheiligt werde Dein Name
Dein Reich komme
Dein Wille geschehe
Wie im Himmel so auf Erden
Unser tägliches Brot gib uns heute
Und vergib uns unsere Schuld
wie auch wir vergeben unseren Schuldigern
Und führe uns nicht in Versuchung
sondern erlöse uns von dem Bösen

O heilige Einfalt

Keine Falten im Denken
will ich haben
kein Wenn und Aber
nur
Glauben, Staunen und Verwunderung

Keine Falten in der Sprache
will ich kennen
keine Fremdwörter
nur
schlichte Worte
Worte zum Greifen

Keine Falten in der Predigt
will ich machen
keine gedanklichen Höhenflüge
nur
ein Lied zum Singen
und einen Aufruf an alle

Keine Falten im Herzen
will ich haben
keine Lüge und kein Versteck
nur
Liebe und spontane Freude

Keine Falten in der Seele
will ich haben
keinen Schatten und keine Schuld
nur
einen schlichten Blick

auf
den herrlichen Vater
den göttlichen Sohn
den mitreißenden Geist

Keine Falten im Leibe
will ich haben
keine Krämpfe und keine Lahmheit
nur
einen Tanz
und eilige Schritte zum Herrn

Keine Falten in der Gestalt meines Lebens
will ich haben
keine Pferde und keine Wagen
nur
ein offenes Herz
einen Bruder, eine Schwester – einen Gott

Keine Falten in den Händen
will ich haben
keine Faust
nur
offene Hände
und viel Liebe für die Menschen

Nein
keine Falten in mir
will ich haben
doch
alle Geschöpfe in mir
um zu preisen
den allerhöchsten, allmächtigen
und guten Herrn

I.
Die sieben Tage

Dem Tag aller Tage
Der Nacht aller Nächte
sei jeder Tag
und jede Nacht
dargebracht

Morgengebete

1 *Hände hast Du mir gegeben*

Du
Kraft über mir
Du
Kraft der Geschichte
Du
Kraft in mir

Hände hast Du mir gegeben
und Geist
Gefühl und Energie

Ich will heute tun, was dem Menschen dient
Ich will
mit meinen Händen ein Stück Welt gestalten
mit meinem Geist die Möglichkeiten ertasten
mit meinem Gefühl das Rechte erspüren
mit meiner Energie alle Hürden überwinden

Laß mich erleben
daß ich Anteil habe an Dir
Du
göttliche Kraft

2 *Wach sein*

Lebendiger Gott
Wieder bin ich aufgewacht
und aufgestanden

Laß mich wach sein
wach für jede Regung des Lebens
für jedes Gefühl und jeden Schrei
wach für jeden Menschen
und für jeden Wink, den er mir gibt
wach für Dich und alle Zeichen Deiner Liebe
Laß mich aufrecht stehen an diesem Tag
als Dein Sohn, Deine Tochter
stolz, ein Mensch zu sein

Laß mich teilhaben an Jesus von Nazaret
den Du auferweckt hast
für ein Leben, das keinen Tod mehr kennt
Laß mich teilhaben an ihm
der auferstanden ist
zu Freiheit und Würde in einer neuen Welt

3 *Einen Leib hast Du mir gegeben*

Gott
Ich danke Dir für meinen Leib
Du hast ihn mir gegeben

damit ich hier bin
hier und jetzt vor Dir

damit ich mich abgrenze
nach außen und nach innen

damit ich mich hingebe
für Dich und die Menschen

damit ich mich unterscheide
von allem und jedem

damit ich ein Mensch bin
zum Fühlen und Greifen

damit ich verletzlich bin
durch die Not der Welt

damit ich alles ändere
mit meinen Händen

Hilf mir
Gott
damit ich die Erwartung erfülle
die Du an mich stellst

4 *Sein wie Du*

Du
Sonne der Welt

Ich möchte sein wie Du
barmherzig und gerecht
zärtlich und stark
voll Zuwendung und Wahrheit
voll Liebe und Nachsicht

Darum bitte ich Dich
Leuchte auf in meinen Augen
Ergieße Dich über meine Lippen
Zeige Dich in meinen Taten
Spiegle Dich in meinen Gedanken
Scheine auf in meinem ganzen Wesen

Mach mich heute zu einer Sonne
in der Du aufgehst über der Welt

5 *Am größten in den kleinen Dingen*

Du
Gott
Du bist am größten in den ganz kleinen Dingen
Darum bitte ich Dich
am Morgen dieses neuen Tages:

Laß mich Dich erkennen
in der Hand in meinem Schoß
und in allem, was ich heute tue

in der Stille um mich herum
und in allem, was sie erfüllt

im Stuhl, auf dem ich sitze
und in allem, was mich trägt

Laß mich Dich suchen
in den Menschen, die mir heute begegnen
im schreienden Kind
in der werdenden Mutter
im ergrauten Mann
in jedem Menschen
jetzt dann gleich und auch heute abend spät noch

Laß mich Dich bestaunen
in der Stimme aus dem Radio
die mich verbindet mit der ganzen Welt
im Himmel, der sich über mir wölbt
und immer wieder anders ist

in der Biene, die von Blüte zu Blüte fliegt
im Baum, der einsam auf dem Hügel steht
im ewigen Hin und Her der Stadt
in allem, was geschieht
in allem, was sich bewegt
in allem, was ist

Laß mich Werkzeug sein
für den Frieden
den die Welt nicht geben kann
für das Leben, das den Tod überdauert
für die Gerechtigkeit, nach der wir Hunger
haben und Durst
für das Land, in dem jeder Platz hat
und Raum
für die Zukunft, die wir alle ersehnen
für alles, was Du mit der Welt vorhast

6 *Laß mich Mensch sein*

Was immer kommen mag
Laß mich Mensch sein
Du menschenfreundlicher Gott

Bei Sonne und Regen
Laß mich Mensch sein
Du menschenfreundlicher Gott

In Hitze und Kälte
Laß mich Mensch sein
Du menschenfreundlicher Gott

In Leidenschaft und Zorn
Laß mich Mensch sein
Du menschenfreundlicher Gott

In Freude und Trauer
Laß mich Mensch sein
Du menschenfreundlicher Gott

In Verachtung und Spott
Laß mich Mensch sein
Du menschenfreundlicher Gott

In Beleidigung und Hohn
Laß mich Mensch sein
Du menschenfreundlicher Gott

In Arbeit und Schweiß
Laß mich Mensch sein
Du menschenfreundlicher Gott

In Schmerz und Leiden
Laß mich Mensch sein
Du menschenfreundlicher Gott

In Überforderung und Lustlosigkeit
Laß mich Mensch sein
Du menschenfreundlicher Gott

In Auseinandersetzung und Diskussion
Laß mich Mensch sein
Du menschenfreundlicher Gott

In Mißerfolg und Scheitern
Laß mich Mensch sein
Du menschenfreundlicher Gott

In Anerkennung und Lob
Laß mich Mensch sein
Du menschenfreundlicher Gott

In Bewunderung und Ruhm
    Laß mich Mensch sein
    Du menschenfreundlicher Gott

In allem, was kommen mag
    Laß mich Mensch sein
    Du menschenfreundlicher Gott

7 *Nacht aller Nächte, Tag aller Tage*

Die Nacht geht
Doch Du bleibst
Nacht aller Nächte

Ein neuer Tag kommt
und mit ihm kommst Du
Tag aller Tage

Das Tagwerk beginnt
und in ihm wirkst Du
Kraft aller Kräfte

Auf mich warten Menschen
und in ihnen wartest Du
Mensch unter Menschen

Laß mich nicht verzweifeln
    wenn die Nacht über mich kommt

Laß mich nicht verzagen
    wenn der Tag mich erdrückt

Laß mich nicht schwach werden
    wenn das Werk alle Kräfte fordert

Laß mich Dich nicht enttäuschen
    wenn Du im Menschen auf mich wartest

↗I. 29, 37, 38; II. 19, 20, 34, 44, 45; V. 29.

Abendgebete

8 *Ruhe und Frieden*

Gott
Ich will
mit Dir in diese Nacht hineingehen
vor Dir die Hände in den Schoß legen
in Dir Ruhe und Frieden suchen

Ich will
Deinen Engel empfangen
in Deinem Schoß schlafen
und morgen aufwachen in Deiner Kraft
Aber Dein Wille geschehe
nicht meiner

9 *Sei mit uns*

Gott
Du helles Licht

Sei mit uns
wenn die Nacht hereinbricht
Sei mit uns
in der Nacht des Todes
Sei mit uns
in der Nacht der Schuld

Sei mit uns
in der Nacht des Hasses
Sei mit uns
in der Nacht des Schmerzes
Sei mit uns
in der Nacht der Verzweiflung
Sei mit uns
in der Nacht der enttäuschten Liebe
Sei mit uns
in der Nacht der zerbrochenen Beziehungen
Sei mit uns
in der Nacht des Glaubens
Sei mit uns
in der Nacht der Sinnlosigkeit
Sei mit uns
in der Nacht der Einsamkeit
Sei mit uns
in jeder Nacht
Sei mit uns
in dieser Nacht

10 Ich vertraue mich Dir an

Du
guter Wächter der Nacht

Wie bin ich froh
Dich wach zu wissen in dieser Nacht

Ich vertraue mich Dir an
meinen müden Leib
mein unruhiges Herz
meine Sorgen und Gedanken

Ich empfehle Dir alle, die mir lieb sind
Trockne die Tränen
Berühr mit zarter Hand das Gesicht der Einsamen
Stille die Sehnsucht
Lindere den Schmerz
Gib allen den Frieden der Nacht

Ich empfehle Dir die ganze Welt
die Armen und die Reichen
die Kranken und die Gesunden
die Flüchtlinge und die Hungernden
alle Völker und Nationen

Ich will glauben
guter Wächter der Nacht
daß nichts Deinem liebenden Blick entgeht

Segne alle, die arbeiten, während ich schlafe
Und segne alle, die schlafen

11 *Nimm alles zurück*

Für alles Gelungene
Danke, guter Gott
Für alles Schöne
Danke, guter Gott
Für alle Worte
Danke, guter Gott
Für jede Begegnung
Danke, guter Gott
Für meine Familie
Danke, guter Gott
Für meine Freunde
Danke, guter Gott

Für alles, was diesen Tag abrundet
Danke, guter Gott

Alles Unfertige
Nimm in Deine Hände, guter Gott
Alles Unausgesprochene
Nimm in Deine Hände, guter Gott
Alles Verkehrte
Nimm in Deine Hände, guter Gott
Alles Zerstörte
Nimm in Deine Hände, guter Gott
Alles Verwundete
Nimm in Deine Hände, guter Gott
Alle Konflikte
Nimm in Deine Hände, guter Gott
Alle Sorge
Nimm in Deine Hände, guter Gott
Alle Traurigkeit
Nimm in Deine Hände, guter Gott
Alles, was falsch war an diesem Tag
Nimm in Deine Hände, guter Gott

Nimm alles zurück, guter Gott
Das Gute und das Böse
Entbinde mich für ein paar Stunden aller Verantwortung
und laß mich geborgen in Dir schlafen
guter Gott

12 *Ich bin müde*

Ach Gott
Ich bin müde
Alle Glieder sind schwer geworden
Alles tut weh

Ich bitte Dich
Erfüll meine Müdigkeit mit Segen
Verbinde die schweren Glieder
    mit der Schwerkraft Deiner Liebe
    mit dem Kreuz Deines Sohnes

Führ mich in die Ruhe der Nacht
Nimm die Müdigkeit von meinem Leib
Verwandle meine schweren Glieder in Flügel
    mit denen ich mich aufschwingen kann
    zum Leben
Heile mich mit der Salbe Deiner Liebe

Laß mich erfahren
    daß nicht die Nacht das letzte ist
    sondern der Tag
    die Auferstehung und das Leben

13 *Alles loslassen*

Am Ende
fließt alles zurück
in den Schoß der Nacht

Ich weiß,
daß ich geborgen bin
und getragen

So will ich alles loslassen
den Schmerz, die Mühe und alle Wunden
die Lust, das Lachen und alle Beschwingtheit

Ich will loslassen
was ich gehört und gesehen
gesagt und getan habe

Ich will alles loslassen
Freunde und Feinde
auch mich selbst

Wie ein Kind an der Brust der Mutter
laß mich schlafen
im Schoß der Nacht
bei Dir
Du unendliche Liebe

14 *... Sprachst Du mich an**

Ich löschte das Licht, um den Schnee zu sehen.
Und sah den Schnee durch das Fenster und sah den Mond.
Doch dann sah ich, daß Schnee und Mond nur wieder Fenster sind,
und durch dieses Fenster sahst Du mich an
(E. Cardenal).

Ich machte die Augen zu, um besser zu hören.
Und hörte Orgelmusik und hörte das Zwitschern der Vögel.

Doch dann hörte ich, daß Musik und Vögel nur wieder Laute sind,
und durch diese Laute sprachst Du mich an.

Ich stand still, um den Frühling zu riechen.
Und roch die Blüten und roch die Erde.
Doch dann roch ich, daß Blüten und Erde nur wieder Düfte sind,
und durch diese Düfte sprachst Du mich an.

Ich setzte mich zu Tisch, um zu essen.
Und aß das Brot und trank den Wein.
Doch dann schmeckte ich,
daß Brot und Wein noch einmal Stärkung sind,
und durch Brot und Wein nährtest Du mich ganz.

Ich streckte die Hand aus, um einen Menschen zu fühlen.
Und fühlte zarte Haut und fühlte weiche Haare.
Doch dann fühlte ich, daß Haut und Haare noch einmal Welten sind,
und durch diese Welten rührtest Du mich an.

↗I. 34, 35; IV. 33

Vor dem Essen

15 *Hunger und Durst*

Gott
wir haben Hunger und Durst

Hunger nach Brot und fester Speise
nach Gerechtigkeit und Anerkennung
nach einem Wort und einer menschlichen Gebärde

Durst nach Wein und köstlichem Trank
nach Liebe und Zuwendung
nach Geborgenheit und einem Zuhause

Gott
still unseren Hunger
und unseren Durst

Laß uns in diesem Mahl ein Zeichen sehen
daß jeder Hunger gestillt
und jeder Durst gelöscht wird

16 *Wir freuen uns, Besuch zu haben*

Gott
Wir freuen uns
Besuch zu haben
(einen) Menschen, (der) die uns lieb (ist) sind

Wir danken Dir
daß Du uns zusammenführst
daß Du uns Zeit gibst füreinander

Sei Du zwischen uns, damit wir einander spüren
Sei Du die Brücke, auf der wir aufeinander zugehen
Sei Du das Wort, damit wir einander verstehen

Laß uns jetzt Freude haben
an uns selbst
aneinander
im gemeinsamen Essen und Trinken

17 *Und so viele haben nichts*

Gott
Du bist so unverständlich und unbegreiflich

Wir haben zu essen
    und so viele haben nichts
Wir haben einen reich gedeckten Tisch
    und so viele nicht einmal ein Stück Brot
Wir haben ein Zuhause
    und so viele leiden unter Hitze und Kälte
Wir sitzen zusammen
    und so viele sind allein

Wir greifen die Fülle des Lebens
    und so viele greifen ins Nichts

Tief in uns schreit es:
Sei Du, was Du versprochen hast
    ein Gott, der da ist
    ein Vater, der für alle sorgt
    eine Mutter, die alle nährt
    ein Haus, in dem alle geborgen sind

18 *Mensch sein und innehalten*

Guter Gott
Bevor ich esse und trinke
will ich Mensch sein und innehalten
    Ich will verstehen, was ich tue
    sehen, was ich esse
    erkennen, wem ich danken muß

Öffne mich für dieses Mahl
    für die Gaben auf dem Tisch
    für die Erde, die uns nährt

Gib mir Augen und Ohren für alle
    die mit mir am Tisch sitzen

Segne alle, denen ich dieses Mahl verdanke
    den Bauern, den Müller und den Bäcker
    den Lastwagenfahrer
    die Verkäuferin
    alle, die kochen und den Tisch decken

Erfüll alles, was ich esse, mit deinem Leben
Laß mich Dich erkennen
    Du guter Gott

19 *Mach uns lebendig*

Gott
Du Quelle des Lebens
Laß uns das Leben trinken
miteinander an diesem Tisch
und verbunden mit allen,
die Hunger und Durst haben

Mach uns lebendig an Leib, Seele und Geist
Mach uns zu einem Kanal, in dem das Leben fließt
zu einer Schale, aus der man schöpfen kann
zu einem Glas,
das man sich reicht von Mund zu Mund

20 *Du Leben**

Gott
Du Leben
über uns
unter uns
in uns

Laß uns
Dich empfangen
Dich spüren
Dich miteinander teilen

Laß uns
aufatmen
auftanken

mit ganzem Leib
mit ganzer Seele
mit allem
was wir sind und haben

21 *Einander die Hände geben*

Du
Gott
bist die Liebe

Wir wollen einander die Hände geben
Knüpf Du das Band der Liebe zwischen uns

Laß uns miteinander verbunden sein
Deine Verbündeten
erfüllt vom Geist des Teilens

Laß uns acht geben aufeinander
damit jeder zu Hause ist
sich geliebt weiß
hier am Tisch
und wenn wir von einander getrennt sind

↗I. 40, 41; II. 15–21, 43, 46; III. 11; IV. 19, 20, 29; V. 14, 28, 46; VII. 10, 11, 17

Nach dem Essen

22 *Wir danken Dir*

Gott
wir danken Dir
für das Zusammensein
für die Gefühle, die wir füreinander haben
für die Worte, die uns verbinden

Wir danken Dir
für Speise und Trank
für alles, was uns am Leben erhält
für die Lust, mit der wir essen und trinken

Wir danken Dir
für dieses Mahl
für den Bund, den Du mit uns geschlossen hast
für die Ahnung, daß Du mit uns am Tisch sitzest

23 *Wir danken Dir, göttliche Liebe*

(nach dem Sonnengesang des heiligen Franz)

Wir danken Dir, göttliche Liebe
für die Sonne, die allem Leben gibt
für den Mond, der die Zeit bestimmt
für die Sterne, die die Nacht erhellen

Wir danken Dir, göttliche Liebe
für den Wind, der alles bewegt
für das Wasser, das keimen und wachsen läßt

Wir danken Dir, göttliche Liebe
für das Feuer, das die Speise genießbar macht
für die Erde, die alles hervorbringt
was wir zum Leben brauchen

Wir danken Dir, göttliche Liebe
für die Menschen, die mit uns zu Tisch sitzen
für das Leben, das wir einander schenken

Wir danken Dir, göttliche Liebe

24 *Vor Dir verwandelt sich alles*

Gott
Vor Dir verwandelt sich alles in Kraft und Leben
das Brot, das wir essen
der Wein, den wir trinken

Wir danken Dir
für das Geheimnis der Wandlung
die sich im Essen und Trinken vollzieht

für das Brot
das sich wandelt in neue Kraft

für den Wein
der sich wandelt in neues Leben

Sei gegenwärtig in allem, was wir tun
damit alles sich wandelt in Kraft und Leben

25 *Du göttliche Güte*

Du
göttliche Güte

Wir haben Dich mit unseren Händen gegriffen
mit unserer Zunge berührt
mit unserem Gaumen gekostet
mit Herz und Lust empfangen

Wir loben und preisen Dich
in allem, was gut ist
Dich selbst
in Deiner überfließenden Güte

Laß uns gut sein zueinander
und zu allen, denen wir begegnen

Auch sie sollen Deine Güte preisen

Darum bitten wir durch Christus unseren Herrn

26 *Wir danken für das Zusammensein*

Guter Gott

Wir danken Dir
für alles, was gut ist
für Brot und Wein
für den Appetit und die Lust
für das Zusammensein und das Gespräch

Wir bitten Dich
für alle, denen wir verpflichtet sind
für unsere Familie
für Freunde und Bekannte

für Mitarbeiter und Anvertraute
für alle, denen wir mit neuer Kraft begegnen

Laß uns hier an diesem Tisch
immer mehr zusammenwachsen

27 *Wie gut ist es!*

Gott
Wie gut ist es, sich satt zu fühlen
Wie schön, Gesellschaft zu haben
Wie beglückend, in einem Haus zu wohnen

Ich will nichts für selbstverständlich nehmen
und danken
für die Früchte der Erde
für die Augen und das Herz meiner Mitmenschen
für das Heim, in dem ich wohne

Ich will nichts als meinen Besitz betrachten
Laß mich Brot sein
ein Herz haben
ein Heim schaffen
für die Menschen, die mir begegnen

Darum bitte ich
im Blick auf Deinen Sohn Jesus von Nazaret

Gebunden an Brot und Wein
    und frei für Dich und die Menschen
loben wir Dich, Du unser Leben

Gebunden an Luft und Wasser
    und frei für das Leben
loben wir Dich, Du unser Leben

Gebunden an Feuer und Erde
    und frei für die Liebe
loben wir Dich, Du unser Leben

Gebunden an Leib und Materie
    und frei für eine neue Welt
loben wir Dich, Du unser Leben

Gebunden an Sonne und Mond
    und frei für Deine Verheißungen
loben wir Dich, Du unser Leben

Siebenmal am Tag

29 *Herr, öffne meine Lippen*

(nach dem Invitatorium des Stundengebetes)

(† bedeutet: kleines Kreuzzeichen über das entsprechende Organ)

Herr, öffne (†) meine Lippen
Damit mein Mund Dein Lob verkünde
und gute Worte finde

Herr, öffne (†) meine Augen
Damit ich Deine Herrlichkeit bestaune
und die Not der Menschen sehe

Herr, öffne (†) meine Ohren
Damit ich Dein Wort vernehme
und den Schrei der Armen höre

Herr, öffne (†) meine Nase
Damit ich Deinen Wohlgeruch wahrnehme
und den Duft aller Dinge empfange

Herr, öffne (†) mein ganzes Gesicht
Damit ich Dir zugewandt lebe
und allen offen begegne

Herr, öffne (†) mein Herz
Damit ich Raum habe für Dich
und gute Gefühle für alle Menschen

Herr, öffne (†), meine Hände
Damit ich die Fülle des Lebens fasse
und reich bin im Geben

30 *O Gott, komm mir zu Hilfe*

(nach dem Eröffnungsgebet des Stundengebetes)

O Gott, komm mir zu Hilfe
Herr, eile mir zu helfen

Ja, eile, Herr
Es ist höchste Zeit:
Der Wald stirbt täglich und unaufhaltsam
Millionen von Menschen sterben vor Hunger
Wir sind bedroht vom atomaren Tod
Eine Zeitbombe in allem!

O Gott, komm uns zu Hilfe
Herr, eile uns zu helfen
Weck den Widerstand
Beweg die Herzen
Öffne die Hände
Befrei die Phantasie
Bekehr die Mächtigen

O Gott, komm uns zu Hilfe
Herr, eile mir zu helfen

31 *Kommt, laßt uns niederfallen*

(nach Ps 95)

Kommt
laßt uns niederfallen
    und anbeten das Geheimnis unseres Lebens

Kommt
laßt uns niederfallen
    und bewundern den Grund unseres Lebens

Denn
wir gehören nicht uns selbst
sondern dem, der uns geschaffen hat
Wir sind eingefügt in diese Welt
ausgeliefert den Wechselfällen des Lebens
und doch in allem geführt und gehalten

So laßt uns niederfallen
und bewundern den Grund unseres Lebens
Laßt uns niederfallen
und anbeten das Geheimnis unseres Lebens

32 *Gepriesen sei der Herr*

(nach dem Benediktus)

Gepriesen sei der Herr
der Gott Israels
Er führt durch unwegsames Gelände
Er befreit aus Knechtschaft und Unterdrückung
Er verheißt eine neue Welt

Gepriesen sei der Herr
der Gott Mohammeds
Er ist groß und erhaben
Er ist unbegreiflich und unnahbar
Er ist groß in seinen Propheten

Gepriesen sei der Herr
der Gott Buddhas
Er wohnt in der Tiefe der Welt
Er lebt in jedem Menschen
Er ist die Fülle des Schweigens

Gepriesen sei der Herr
der Gott Afrikas
Er ist das Leben in den Bäumen
Er ist die Kraft in Vater und Mutter
Er ist die Seele der Welt

Gepriesen sei der Herr
der Gott Jesu Christi
Er verströmt sich in Liebe
Er gibt sich hin in Güte
Er überwindet den Tod

33 *Meine Seele preist die Größe des Herrn*

(nach dem Magnifikat)

Meine Seele preist die Größe des Herrn
Meine Gedanken sind voll Dank für die Nähe Gottes
Meine Glieder bewegen sich im Rhythmus des Himmels
Mein Herz überströmt von Jubel und Freude
Meine Lippen können nicht schweigen

Gott will alles neu machen
Ich bin gerufen und gesandt
Ich bin erwählt und ausgesucht
als Werkzeug des Friedens

Die ganze Kirche soll jubeln
Alle Menschen mögen tanzen
Alle Armen sollen essen und trinken
Alle Völker sollen sich vereinen zum Fest

Gott will alles neu machen
Wir sind gerufen und gesandt
Wir sind erwählt und ausgesucht
als Werkzeug des Friedens

34 *In Deine Hände lege ich mein Leben*

(nach dem Kehrvers der Komplet)

In Deine Hände lege ich
meine unruhigen Gedanken
meine wirren Gefühle
mein Leben

In Deinen Schoß lege ich
meinen müden Kopf
die Früchte meines Tuns
meine Sorgen

Unter Deinen Mantel lege ich
meinen schutzlosen Leib
meine verwundete Seele
meinen angefochtenen Geist

In Deine Hände lege ich
meine Freunde
meine Feinde
mein Leben

35 *Meine Augen haben das Heil gesehen*

(nach dem Lobgesang Simeons)

Meine Augen haben das Heil gesehen
wie einen Regenbogen
Meine Ohren haben das Heil gehört
wie einen Wasserfall
Meine Hände haben das Heil berührt
wie Samt und Seide
Darum will ich danken und anbeten
singen und spielen
und friedlich schlafen/leben

Wochentage

36 *Sonntag*

Dein Tag
Herr und Gott
soll mein Tag sein
    ein Tag der Freiheit und Freude
    ein Tag des aufrechten Ganges und der Würde
    ein Tag der neuen Welt
    ein Tag des Bundes zwischen Dir und uns
    Menschen

Laß mich aufatmen
mit allen, die sich zu Dir bekennen
Laß mich feiern
mit allen, die leben wollen
Laß mich teilen
mit allen, die Du geschaffen hast
Laß mich das Leben empfangen
mit allen, die dem Tod geweiht sind

↗I. 38

37 *Montag*

Gott
Anfangen ist schwer
So bitte ich Dich
für alle, die sich überwinden müssen
für alle, die nur widerwillig arbeiten
für alle, die ihre Arbeit als Sklaverei erleben

Laß uns ja sagen zum Alltag
zu den kleinen und lästigen Dingen
zu den Widerständen und Ungereimtheiten
des Lebens

Aber laß uns auch hineinwachsen in eine neue Welt

Wandle die Mühe in Lust
und die Not in Freiheit

38 *Dienstag*

Gott
Du Verheißung unseres Lebens

Wölbe Dich wie ein Regenbogen über den
heutigen Tag
Zeig uns die sieben Farben Deines Lichtes
die Liebe
die Gerechtigkeit
den Glauben
die Hoffnung
die Treue
die schöpferische Kraft
die Vergebung

Laß uns froh werden
mitten am Tag

In der Mitte
bist Du, Liebe
und ich strebe zu Dir

In der Mitte
bist Du, Güte
und ich strebe zu Dir

In der Mitte
bist Du, Kraft
und ich strebe zu Dir

In der Mitte
bist du, Freude
und ich strebe zu Dir

In der Mitte
bist du, Friede
und ich strebe zu Dir

In der Mitte
bist Du, Gerechtigkeit
und ich strebe zu Dir

In der Mitte
bist Du, Gott
und ich strebe zu Dir

40 *Donnerstag*

Verbunden mit allen
in der Mühe um das tägliche Brot
und verbunden mit Jesus, der es mit uns teilt
Verbunden mit allen
in der Freude am festlichen Wein
und verbunden mit Jesus, der uns den Becher reicht
Verbunden mit allen
in der Sorge um das wahre Leben
und verbunden mit Jesus, der es zeugt
Verbunden mit allen
in der Sehnsucht nach bedingungsloser Gemeinschaft
und verbunden mit Jesus, der sie begründet
sind wir Deine Familie
Gott, unser Vater

41 *Freitag*

Nicht für mich allein
will ich leben
sondern für Dich, o Gott –
und für die Menschen, die Du liebst

Nicht mein Leben allein
will ich suchen
sondern das Deine, o Gott –
und das der Menschen um mich herum

Nicht meine Freude allein
will ich besingen
sondern die Deine, o Gott –
und die der Menschen auf der ganzen Welt

Danach will ich fragen und suchen
Dafür will ich arbeiten und einstehen
in der Liebe, die das Kreuz trägt

42 *Samstag*

Wie ein Vogel auf dem Baum
möcht ich singen nach so viel Mühe
Wie ein Fisch im Meer
möcht ich schwimmen nach so viel Enge
Wie die Wolken am Himmel
möcht ich ziehen nach so viel
Angebundensein
Wie die Eidechse an der Sonne
möcht ich liegen nach so viel Hast

Gott
Du willst, daß wir das Leben spüren
So laß uns Vogel sein und Fisch
Wolke und Eidechse
und aufleben an diesem Tag

Körpergebete

43 *Sitzen*

Gott
laß mich sitzen
vor Dir
Dich anschauen und bewundern
Dich hören und in mich aufnehmen

Laß mich sitzen
mit Dir
in der Würde, die du mir schenkst
im Bewußtsein, daß alles gut ist

Laß mich sitzen
in Dir
mich finden und erleben
ganz da sein in Dir

44 *Knien*

Auf den Knien
    vor Dir
    o Gott
auf den Knien

Gebeugt
vor Dir
o Gott
gebeugt

Gebrochen
vor Dir
o Gott
gebrochen

Ich weiß
um meine Grenzen
um meine Hinfälligkeit
um meine Zerbrechlichkeit

und bete Dich an

45 *Verneigen*

Ich neige mich
vor allem, was ich nicht verstehe
vor allem, was mich übersteigt

Ich neige mich
vor der Sonne, die scheint über Guten und Bösen
vor dem Regen, der kommt und ausbleibt

Ich neige mich
vor allem, was sich meinem Zugriff entzieht
vor allem, was ich nicht sehen und erfahren kann

Ich neige mich
vor der ganzen Welt
und vor dem Geheimnis, das ihr innewohnt

46 *Stehen*

Ich stehe
Gott
vor Dir
gebunden an die Erde, die Du liebst

Ich stehe
Gott
vor Dir
ausgestreckt zum Himmel, den Du versprichst

Ich stehe
Gott
vor Dir
als Sohn/Tochter des Himmels und der Erde

Ich stehe
Gott
vor Dir
der Erde treu
und offen für Dich

47 *Mit ausgebreiteten Armen*

Wie Jesus
mit ausgebreiteten Armen die Welt umarmen
mit angenagelten Händen leiden am Leiden
der Menschen

Wie Jesus
aus Liebe verbluten
mit offenem Herzen vergeben

Wie Jesus
mich hingeben
mich anbieten
mit ausgebreiteten Armen
mit angenagelten Händen

48 *Gehen*

Gott –
Ich gehe
Schritt für Schritt
und Du in meinen Schritten

Gott –
Ich gehe
Schritt für Schritt
und Fried' in meinen Schritten

Gott –
Ich gehe
Schritt für Schritt
Gerechtigkeit in meinen Schritten

(Immer wieder, im Rhythmus der Schritte)

49 *Liegen*

Herr
laß mich hier sein
hier vor Dir

Vor Dir am Boden
mit allen
die am Boden liegen

Vor Dir am Boden
mit allen
die nicht mehr weiterkönnen

Vor Dir am Boden
mit allen
die Angst haben

Vor Dir am Boden
mit allen
die auf dem Bauch kriechen

Laß mich hier sein
hier vor Dir
vor Dir am Boden

Herr
Laß mich hier sein
hier vor Dir
hier
Wo Du mich haben willst

↗I. 21, 31; VII. 39

II.
Die sieben Zeiten

Jahr für Jahr
und
Tag für Tag
kreist
um Dich
mein Gott
gebannt von Deiner Liebe

Advent

1 *Ich schreie zu Dir*

Mein Gott
Wie sehne ich mich danach
geborgen zu sein
in Dir

Ich bin
geworfen in diese Welt
Alles wankt
Sehr kalt ist es geworden
Schutzlos bin ich allem preisgegeben

Es ist mir
als hätte ich kein Zuhause
keinen festen Boden unter den Füßen
kein bergendes Dach über dem Kopf
keine schützenden Wände um mich

Ich schreie zu Dir
Sei Du mir Boden
Sei Du mir Dach
Sei Du mir Mauer
mein Zuhause
hier
jetzt
und alle Tage meines Lebens

2 *Ich brauche Dich*

Gott
Ich brauche einen Fels, um darauf zu stehen
in dieser fließenden Welt
Ich brauche einen Boden, der nicht wankt
in dieser bebenden Welt
Ich brauche einen Weg, um mich nicht zu verirren
in dieser verwüsteten Welt
Ich brauche einen Stock, um mich zu halten
in dieser gefährlichen Welt
Ich brauche jemanden, der mich nicht im Stich
läßt in dieser trügerischen Welt

Gott
Sei Du mir Fels
Sei Du mir fester Boden
Sei Du mir Weg und Stock
Sei Du mein Du
jetzt und alle Tage meines Lebens

3 *Ich sehne mich*

Gott
ich sehne mich

Daß jeder Kreis sich rundet
und jeder Halt gewährt

Daß alle Knospen springen
und jeder Keim begossen

Daß jeder Boden trägt
und jeder Stein gehütet

Daß alle Worte leben
und jeder Sinn erkannt

Daß jedes Herz sich weitet
und jeder Durst gestillt

Daß Zärtlichkeit sich findet
und Innigkeit erlebt

Daß alle Lahmen tanzen
und jeder Tod vernichtet

Daß jede Tür sich öffnet
und jeder Weg gesehn

Daß jeder Krampf sich löst
und jeder Streit getötet

Daß alle Mauern fallen
und jede Kluft gefüllt

Daß alle Waffen schweigen
und jedes Recht erreicht

Daß alle Himmel triefen
und jede Gnad gewährt

Daß jede Nacht sich lichtet
und der Advent erfüllt

Daß Du Dich endlich zeigest
und jeder Mensch befreit

Gott
ich sehne mich nach Dir

Komm
ja komm mein Gott
Komm mit Deinem Feuer
und entflamme mich
Komm mit Deinem Atem
und belebe mich
Komm mit Deiner Kraft
und richt mich auf
Komm mit Deiner Liebe
und begeistere mich

Komm
ja komm, Du Gott der Welt
Komm in vielen Propheten
    die alles in Frage stellen
    und niemanden in Ruhe lassen
Komm in Jesus Christus
    der die Wunden heilt
    und alles lebendig macht
Komm in allen Menschen
    die lieben und den Frieden suchen
Komm in allen Dingen
    die mir begegnen und doch fremd sind
Komm
ja komm, mein Gott
    und mach diese Welt zu Deiner Wohnung

5 *Öffne dich, Himmel*

Öffne dich, Himmel
und regne herab
Frieden und Gerechtigkeit
Freude und Kraft
Freundschaft und Liebe

Öffne dich, Himmel
und verschlinge
den Tod und die Tränen
die Not und das Leiden

6 *Ich wende meine Augen nach innen*

Du
Tiefe und Abgrund

Ich wende meine Augen nach innen
    um Dich zu suchen in mir
Ich lausche in mich hinein
    um Deine Stimme zu hören in mir
Ich sammle mich um meine Mitte
    um Dich anzubeten in mir

Du
Tiefe und Abgrund
in mir

7 *Maria*

(nach dem Gegrüßet seist Du, Maria)

Maria
ich grüße in Dir
die Anmut der Frau
das Geheimnis der Schwangerschaft
das Lachen der Mutter

Ich preise in Dir
die gute Hoffnung der Welt
das Keimen des Lebens
die Geburt des Menschen

Ich bete in Dir an
das Wirken des Vaters
die Kraft des Geistes
die Gnade Gottes

Ich erbitte von Dir
die Liebe der Mutter
das Zartgefühl der Frau
das Gebet der Geliebten
jetzt und in der Stunde meines Todes

Maria ↗I. 33; Advent ↗I. 6, 7, 30, 38; II. 7, 9, 10, 18, 19, 20, 23, 25; IV. 35

Weihnachten

8 *Du bist auf der Seite der Kleinen*

Du, Gott
Ein Kind!
Ein Kind in der Krippe!

Du bist auf der Seite der Kleinen
Du ergreifst Partei für alle
die nicht angenommen werden

So laß mich Dich
    nicht in Glanz und Herrlichkeit suchen
sondern dort, wo die Kinder schreien
    wo Mensch und Tier beisammen wohnen
    in den Höhlen und am Straßenrand

Gib mir die Einfachheit der Hirten
    und die Demut der Weisen
damit ich Dich erkenne
    als Kind in der Krippe
    heute

9 *Laß uns Dich erkennen*

Jeder Ochse weiß
wo er zu Hause ist
und jeder Esel spürt
wem er gehört

Nur wir Menschen
irren heimatlos von Frage zu Frage
von Haus zu Haus
von Herr zu Herr
von Götze zu Götze

So laß mich Dich erkennen, großer Gott
als Mensch unter Menschen
in wahrer Menschlichkeit

10 *Angenommen bin ich*

Angenommen bin ich
grundsätzlich und für immer

Angenommen in meinem Dasein
und in meinem Sosein

Angenommen in meiner Schuld
und in meinen Fehlern

Angenommen in meiner Ohnmacht
und in meiner Angst

Angenommen in meiner Schwäche
und in meiner Krankheit

Angenommen in meiner Hinfälligkeit
und in meinem Sterben

Gott
Ich möchte froh werden
im Blick auf Deine Menschwerdung
möchte glauben an meine Zukunft
und an die Zukunft der Welt

11 *Nicht ich, sondern Du*

Gott
Nicht ich, sondern Du
Nicht ich allein, sondern ich in Dir
Nicht einfach Du, sondern Du in mir

Ich in Deinen Verheißungen
und Du in meinen Gedanken

Ich in Deinem Willen
und Du in meinen Taten

Ich in Deiner Gnade
und Du in meinen Händen

Ich in Deiner neuen Welt
und Du in meinem Alltag

Nicht ich, sondern Du
Nicht ich allein, sondern ich in Dir
Nicht einfach Du, sondern Du in mir

12 *Litanei nach der Menschwerdung Gottes*

(nach dem Lob Gottes des heiligen Franz von Assisi)

Du Gott meines Lebens
Du Gott der Erde

Du bist nicht über den Wolken
sondern im Staub der Straße
Du wohnst nicht außerhalb der Welt
sondern mitten drin

Du unser Fleisch und Blut
Du Bein von meinem Bein
Du Mensch
Du Bruder und Schwester
Du Vater und Mutter

Du wimmerndes Kind
Du verzagtes Wesen
Du Flüchtling auf den Straßen der Welt
Du aus dem Lande vertriebener Junge
Du vergewaltigtes Mädchen

Du geschändete Frau
Du betrunkener Mann
Du verwahrloster Greis
Du verlachtes Weib
Du vor Hunger schreiendes Kind

Du namenloser Fremder
Du Dirne und Straffälliger
Du Obdachloser
Du Drogenabhängiger
Du Arbeitsloser

Du geschlagener Mann
Du gefolterte Frau
Du Opfer der Mächtigen
Du getöteter Mensch

Du wunderbarer Mensch
Du zarte Hand
Du strahlendes Lächeln
Du leuchtendes Gesicht
Du gutes Herz
Du mein Freund und meine Freundin
Du alles in allem
Du alles in jedem
Du unser Befreier
Du Gott meines Lebens
Du Gott der Erde

13 Dein Wort auf meiner Zunge

Jesus Christus
Dein Wort
auf meiner Zunge
Deine Güte
auf meinen Lippen
Deine Verheißung
in meinen Gedanken
Deine Zärtlichkeit
in meinen Fingern
Deine Liebe
in meinem Herzen
Dein Blut
in meinen Adern

Deine Kraft
in meinen Füßen
Deine Gestalt
in meinem Leben
Deine Herrlichkeit
in meinem Leib
Dein Leben
in meinen Bewegungen

14 *Wenn sie doch lächeln könnten*

Gott
wie kommt es
daß Menschen so unendlich traurig sind?
So trostlos und elend?

Wenn sie doch lächeln könnten!
Strahlen!

Du willst es doch
Darum hast Du Deinen Sohn gesandt
Er hat die frohe Nachricht verkündet:
Du bist da
Du gehst mit uns
Wir haben Grund zum Lachen und zum
Strahlen

Warum sehe ich davon so wenig?
Ich nehme Dich beim Wort
und appelliere an Deine Verheißung
Mach die Menschen froh
frei von allen Zwängen
Laß sie tanzen und jubeln
und die Fülle des Lebens verkosten

↗I. 9, 17; II. 7, 35; V. 22, 23, 24, 38, 39; VI. 15; VII. 22–28, 29

Fasten

15 *Du, Anwalt der Armen*

Du
Anwalt der Armen
Ich möchte Anteil haben an Deiner Liebe für die Armen
hungern mit den Hungernden
Durst haben mit den Durstigen
verzichten, weil so viele nichts haben
Lehr mich ein Fasten, wie es Dir gefällt

Öffne meine Augen für die vielfältige Armut
Laß mich ein Herz haben für die Bedürftigen
und tun, was in meinen Kräften liegt

Mach mich in dieser Fastenzeit zum Anwalt der Armen
Dir gleich
Du Anwalt der Armen

16 *Warum?*

Warum
habe ich zu essen
und andere nicht?

Warum
habe ich Arbeit
und andere nicht?

Warum
kann ich lesen und schreiben
und andere nicht?

Warum
habe ich alles
und andere nichts?

Warum?
Ich frage Dich:
Wo bist Du, Gott?

17 *Nein möchte ich sagen mit Dir**

Nein
möchte ich sagen mit Dir
mein Gott
zu allem, was lähmt
zu allem, was krank und depressiv macht.
Gib mir
Kraft
mein Gott
daß ich nein sage
zu allem, was blind macht
zu allem, was die Sprache verschlägt

Nein
möchte ich sagen mit Dir
mein Gott
zu allem, was zerstört
zu allem, was Angst macht
Gib mir
Kraft
mein Gott
daß ich nein sage
zu allem, was trennt
zu allem, was schwächt

Nein
möchte ich sagen mit Dir
mein Gott
zu allem, was blendet
zu allem, was knechtet
Gib mir
Kraft
mein Gott
daß ich nein sage
zu allem, was tödlich ist
zu allem, was verwundet

Übersetze
mein Gott
Dein Nein in die Sprache meiner Tat
und
laß durch dieses Nein
Dein Ja hörbar werden
mir und aller Welt

18 *Ergreife Du die Macht über mich*

Du
von Dir kommt alles, was gut ist

Ergreife Du die Macht über mich
über meine Gedanken, *daß ich Gutes denke*
über meine Augen, *daß ich Gutes sehe*
über meine Ohren, *daß ich Gutes höre*
über meinen Mund, *daß ich Gutes rede*
über meine Gefühle, *daß ich Gutes erspüre*
über mein Herz, *daß ich Gutes liebe*
über meine Hände, *daß ich Gutes tue*
über meine Füße, *daß ich gute Wege gehe*

Ergreife Du die Macht über mich
damit ich gut bin
Ergreife Du die Macht über die ganze Welt
damit das Gute siegt

19 *Du unser Leben*

(nach dem Vaterunser)

Du
Du Leben
Du unser Leben
Du

Du
Du Leben über den Wolken
Du unser Leben in den Tiefen

Du
Du, Leben, nach dem wir uns sehnen
Du

Du
laß dich sehen, spüren, greifen
Zwinge uns in die Knie
wo immer Du aufleuchtest
Du Leben
Du Leben der Welt
Laß uns Dich anbeten
im Stein
in der Blume
im Tier
und in jedem Menschen

Laß den Tag kommen
an dem die ganze Welt Dein Haus ist
an dem das Kind mit der Schlange spielt
an dem niemand mehr weinen muß
an dem es kein Gesetz mehr gibt
nur noch Liebe, Frieden, Freude

Setze Deinen Willen durch
Stürz die Mächtigen vom Thron
und gib den Kleinen das Sagen
Mach stark das Schwache
und gib Mut den Verzagten und Verängstigten
Laß keinen Willen mehr gelten als den Willen zur Liebe

Gib uns, was wir Tag für Tag zum Leben brauchen
einen gedeckten Tisch
das Lachen eines Kindes
ein Wort, das aufrichtet
eine zärtliche Hand

Vergib uns, was wir falsch gemacht haben
Laß uns neu anfangen können
Gib uns die Kraft, ebenso zu sein wie Du:
barmherzig, langmütig, geduldig

Nimm uns an der Hand
und gib uns das Gespür für Deine Nähe
Führ uns durch alle Gefahren hindurch

Befrei uns aus der Angst
aus dem Gefühl, nichts zu können und niemand zu sein
Erlöse uns von allem Bösen

20 *Du, mein Grund**

(nach dem Vaterunser)

Du
mein Grund, aus dem ich lebe
mein Halt und Boden
mein Vater, von dem ich bin und alles habe
Ich danke Dir
daß Du mich kennst
als Sohn/Tochter
daß mein Name eingeschrieben ist
in Deine Hand
Dein Name sei geheiligt in meiner Hand
Deine Welt komme, Dein Leben, Deine Gerechtigkeit
Dein Wille geschehe
Das große Bild, das Du vom Menschen hast
erstrahle aller Welt
unverlierbar, unzerstörbar
jetzt schon und immer

21 *Mach mich zur Taube*

In Dir
Gott
ist Friede und Gerechtigkeit

Mach mich zur Taube
die Deinen Frieden über das große Wasser trägt

Mach mich zum Kanal
der Dein Leben in dürres Land leitet

Mach mich zum Höhenfeuer
das warnt vor den Gefahren, die dem Leben drohen

Mach mich zum Lautsprecher
der Deine Botschaft überall hörbar macht

Mach mich zu einem willigen Werkzeug
das Du brauchst
für Frieden und Gerechtigkeit

↗I. 3, 13, 30; V. 46; VI. 1–49

Passion

22 *Warum?**

Warum?
Warum?
Warum?

Warum
diese Schwere in mir?
Warum
die Nacht um mich?
Warum
gerade ich?

Der Hunger der Welt –
warum?
Die Elendsquartiere –
warum?
Das mißbrauchte Kind –
warum?

Warum
der Krebs?
Warum
der Tod?
Warum
die Angst?

Warum?
Warum?
Warum?

23 *Wo bist Du, Gott?*

Wo bist Du, Gott
bei so viel Hunger?

Was tust Du, Gott
bei so viel Elend?

Wen brauchst Du, Gott
für so viel Not?

Wie hilfst Du, Gott
bei so viel Tod?

Warum schweigst Du, Gott
bei so viel Schreien?

24 *Und die nicht glauben können?*

Du
und die nicht glauben können?

Du
und die nicht mehr leben wollen?

Du
und die kein Gefühl mehr haben?

Du
und die nicht mehr weinen können?

Du
und die vor Schmerzen schreien?

Du
und deren Beziehungen zerbrochen sind?

Du
und die Opfer der Gewalt zu Grabe tragen müssen?

Du
und die zu viel zum Sterben und zu wenig zum Leben haben?

Du
und die mit Raketen spielen?

Du
Wie soll ich mich festhalten an Dir?
Da Du schweigst wie das Grab?
Du!

25 *... such ich Deine Augen*

In Angst und Enge
such ich Deine Augen
In Tränen und Trauer
such ich Deine Augen
In Hunger und Elend
such ich Deine Augen
In Arbeit und Mühe
such ich Deine Augen
In Krankheit und Tod
such ich Deine Augen
In Sorge und Kummer
such ich Deine Augen
In Zorn und Leidenschaft
such ich Deine Augen
In Haß und Krieg
such ich Deine Augen

In Schuld und Sünde
    such ich Deine Augen
In Ungerechtigkeit und Gewalt
    such ich Deine Augen
In Resignation und Nacht
    such ich Deine Augen
In Neid und Streit
    such ich Deine Augen
In Hektik und Streß
    such ich Deine Augen
In allen Abgründen
    such ich Deine Augen
    o Gott

26 *Jetzt Zweige in den Händen*

(Palmsonntag)

Jetzt Zweige in den Händen
        und dann den Essigschwamm
Jetzt Hymnen auf den Lippen
        und dann Hohn und Spott
Jetzt begeisterte Zustimmung im Herzen
        und dann Haß und Ablehnung

Gott
Wie wankelmütig sind wir doch!
Wie eine Fahne im Wind!

Gib uns
    festen Stand
    Mut und Kraft
    Treue und Opferbereitschaft

Nimm uns die Angst vor den anderen
Laß uns mit Jesus Christus gehen
und dem göttlichen Leben verpflichtet
sein bis zum Tod

Laß uns die Zweige nicht verbergen
wenn die Verführer kommen
Laß unsere Lippen nicht verstummen
wenn die Verfolger kommen
Laß uns die Zustimmung nicht verleugnen
wenn die Mörder kommen

27 *Ich rufe in die Nacht hinein*

Von bösen Nachrichten überflutet
und von Schreckensbildern überschwemmt
Die Kehle zugeschnürt
und das Herz beengt
Voll Angst vor dem, was kommt
und ohne zu wissen, was ich tun kann
rufe ich in die Nacht hinein

Laß unsere Welt genesen
in Liebe und Gerechtigkeit
Befrei mich zu einem gelösten
und frohen Leben
Zeig mir, was ich tun soll
und erfüll mich mit Mut und Kraft

Laß die Nacht vorübergehen
und den Tag aufstrahlen, der kein Ende nimmt

Trotz Leiden und Tod
Trotz Armut und Not
    glaube ich an den lebendigen Gott
    und daran, daß er alles gut macht

Gerade wegen Leiden und Tod
Gerade wegen Armut und Not
    glaube ich an Jesus Christus, seinen Sohn
    und daran, daß er alle befreit

In Leiden und Tod
In Armut und Not
    glaube ich an den Heiligen Geist
    und daran, daß er mich in die Welt sendet

↗I. 9, 41, 47; II. 1, 16, 22, 23, 24; III. 29–35; IV. 28, 35, 45–48; V. 37, 38; VI. 2, 16, 22; VII. 23, 32

Ostern

29 *Ich strecke Dir jeden Tod entgegen*

Du Lebendiger
Du bist stärker als der Tod

Ich strecke Dir jeden Tod entgegen
die lähmende Einsamkeit
die zerbrochene Beziehung
die bodenlose Traurigkeit
das geistlose Dahinsiechen
das schreckliche Elend
die schmerzliche Trennung
das erschütternde Unglück
das Sterben der Lieben
den eigenen Tod

Sei Du das Leben in jedem Tod
Setz Du immer wieder einen neuen Anfang des Lebens

30 *Wälz den Stein weg*

Gott
Wälz den Stein weg
der mich hindert zu glauben

Ich möchte glauben
daß Du das Leben bist
und daß Du den Tod überwindest
Ich möchte glauben
daß Du bereits damit begonnen und
Jesus zu einem neuen Leben auferweckt hast

Wälz den Stein weg
damit ich glaube und aufstehe zu einem
frohen Leben

31 *Rufen, daß Du lebst*

Jesus Christus

Wie Maria von Magdala will ich springen
und über alle Dächer rufen, daß Du lebst

Wie Petrus und der andere Jünger will ich springen
und Herz und Mund überfließen lassen

Wie der Engel will ich an Gräbern sitzen
und bezeugen, daß wir leben dürfen

Wie das zusammengefaltete Schweißtuch
will ich sein
und künden, daß alles gut ist

32 *Aus allen Gräbern hinaus!*

Gott
Laß mich Dein Engel sein
und in alle Welt hinaus trompeten:

Aus allen Gräbern –
hinaus!

In alle Höhen –
hinauf!

In alles Leben –
hinein!

Aus allem Tod –
hinfort!

Und laß mich selbst ein lebendiger Mensch sein

33 *Weck uns auf*

Lebendiger Gott

Aus dem Schlaf der Sicherheit
weck uns auf
Aus dem Tod der Liebe
weck uns auf
Aus der Faulheit des Denkens
weck uns auf
Aus dem Schlaf der Selbstgenügsamkeit
weck uns auf
Aus dem Tod der Hoffnung
weck uns auf
Aus der Dürre der Phantasie
weck uns auf

Aus dem Schlaf der Sinne
weck uns auf
Aus dem Tod der Gefühle
weck uns auf
Aus Kleinlichkeit und Enge
weck uns auf

34 *Mit Dir will ich aufstehen*

Jesus Christus
Mit Dir will ich aufstehen
gegen Not und Tod
gegen Folter und Leiden
gegen Armut und Elend
gegen Haß und Terror
gegen Zweifel und Resignation
gegen Unterdrückung und Zwang

Mit Dir will ich aufstehen
gegen alles, was das Leben hindert
Mit Dir will ich einstehen
für alles, was das Leben fördert

Sei Du mit mir
damit ich aufstehe mit Dir

35 *Dich erfahren mitten in der Geschichte*

Du
der Du da bist
Ein Gott mit uns
mitten im Tod

Dich erfahren
mitten in der Geschichte
Dein Licht sehen
mitten in der Nacht
Deine befreiende Hand ergreifen
mitten in der Gefangenschaft
Deine Gerechtigkeit durchsetzen
mitten im Unrecht
Deine Güte kosten
mitten im Bösen
Deine Vergebung leben
mitten in der Schuld
Deinen Frieden stiften
mitten im Haß
Deine Liebe bezeugen
mitten in der Welt

Das ist es, was ich will
Du
Gott mit uns
mitten im Tod

↗I. 2. 3, 4, 12, 36, 38, 42, 46; II. 14, 17; III. 5; V. 41, 49; VII. 43–49

Pfingsten

36 *Eine Schale will ich sein*

Eine Schale will ich sein
empfänglich für Gedanken des Friedens
Eine Schale für Dich, Heiliger Geist

Meine leeren Hände will ich hinhalten
offen für die Fülle des Lebens
Leere Hände für Dich, Heiliger Geist

Mein Herz will ich öffnen
bereit für die Kraft der Liebe
Ein Herz für Dich, Heiliger Geist

Gute Erde will ich sein
gelockert für den Samen der Gerechtigkeit
Gute Erde für Dich, Heiliger Geist

Ein Flußbett will ich sein
empfänglich für das Wasser der Güte
Ein Flußbett für Dich, Heiliger Geist

37 *Brenn in unseren Herzen*

Du
Heiliges Feuer
Brenn in unseren Herzen

Du
Heiliges Wasser
Fließ in unseren Beziehungen

Du
Heiliger Geist
Beflügle unsere Gedanken

Du
Heiliger Fürsprecher
Sprich in unserem Innern

Du
Heilige Taube
Flieg durch unsere Welt

Du
Heilige Liebe
Begeistere alle Menschen

38 *Du Gott in mir*

Du
Gott in mir

Du
Gott in meinen Gedanken
Du
Gott in meinen Gefühlen

Du
Gott in der Tiefe meines Herzens
    Zeig Dich
    Offenbar Dich
    Schein auf in meinem Leben

39 *Du bist wie der Wind*

Du bist wie der Wind
Heiliger Geist

Öffne mich für Dein Wehen
    in den unerbetenen Reden der Kritiker
    in den ungewohnten Gedanken der Denker
    in den überraschenden Vorgängen der Geschichte
    in den banalen Abläufen des Alltags

Öffne mich für Dein Wehen
    im stummen Dasein Buddhas
    im bewegten Tanz der Derwische
    im ehrfürchtigen Kniefall der Muslime
    im frommen Gebet der Juden

Öffne mich für Dein Wehen
    in unseren Gemeinschaften
    in unseren Werken
    in unserer Kirche
    in unseren Gottesdiensten

Denn Du bist wie der Wind
Heiliger Geist
und niemand kann Dich fassen

40 *Ruf in mir, Heiliger Geist*

Ruf in mir
Heiliger Geist
nach Gott und seiner Gerechtigkeit

Bet in mir
Heiliger Geist
um Freude und Zuversicht

Schrei in mir
Heiliger Geist
nach Freiheit und Leben

Wein in mir
Heiliger Geist
vor Schmerz und Trauer

Klag in mir
Heiliger Geist
über Trennung und Tod

Sing in mir
Heiliger Geist
das Lied der Befreiung

Juble mit mir
Heiliger Geist
im Land der Lebendigen

41 *Mach alles neu!*

Durch Dich
Heiliger Geist
kann alles neu werden

Gib uns neue Gedanken
und laß uns das Undenkbare denken
Gib uns neue Gefühle
und laß uns das Unbegreifbare fühlen
Gib uns neue Taten
und laß uns das Unmögliche tun
Gib uns ein neues Herz
und laß uns dem Unfaßbaren Raum geben

Mach alles neu
Und laß uns Deine neue Welt sein
hier auf Erden

42 *Sei Du die Kraft*

Wenn uns die Kräfte verlassen
Sei Du die Kraft, Heiliger Geist
Wenn uns Krankheit schwächt
Sei Du die Heilung, Heiliger Geist
Wenn uns Fragen plagen
Sei Du die Antwort, Heiliger Geist
Wenn uns Sorgen quälen
Sei Du die Zuversicht, Heiliger Geist
Wenn alles hoffnungslos erscheint
Sei Du ein neuer Anfang, Heiliger Geist
Wenn der Tod naht
Sei Du das Leben, Heiliger Geist

↗I. 4, 33, 38; II. 4, 18, 43, 48; III. 15–21; V. 7, 29–34; VII. 13, 24, 25

Während des Jahres

43 *Der mich atmen läßt*

Der mich atmen läßt
bist Du, lebendiger Gott

Der mich leben läßt
bist Du, lebendiger Gott

Der mich schweigen läßt
bist Du, lebendiger Gott

Der mich reden läßt
bist Du, lebendiger Gott

Der mich warten läßt
bist Du, lebendiger Gott

Der mich handeln läßt
bist Du, lebendiger Gott

Der mich wachsen läßt
bist Du, lebendiger Gott

Der mich Mensch sein läßt
bist Du, lebendiger Gott

Der mich atmen läßt
bist Du, lebendiger Gott

44 *Sprich ein Wort in meine Ohren*

Gott

Sprich ein Wort in meine Ohren
ein Wort, das Sinn hat

Zünd ein Licht an in meinen Augen
ein Licht, das nicht erlischt

Leg ein Lied auf meine Lippen
ein Lied, das begeistert

Gib eine gute Nachricht in meinen Mund
eine Nachricht, die frei macht

Wirk eine Tat in meinen Händen
eine Tat, die prägt

Wirf einen Rhythmus in meine Füße
einen Rhythmus, der bewegt

45 *Wer bist Du, und wer bin ich?*

Gott
Wer bist Du
und wer bin ich?

Zwei Fragen, die offen bleiben
solange ich lebe

Zeig mir, wer Du bist
ein wenig bloß

Vielleicht weiß ich dann
wer ich bin

46 *Du rufst uns*

Du rufst uns
zur Feier des Lebens
Ruf, Herr
Wir hören

Du führst uns
zum Fest der Liebe
Führ, Herr
Wir folgen

Du sammelst uns
für das Lied der Hoffnung
Sammle, Herr
Wir kommen

Du lädst uns ein
zum Teilen des Brotes
Lad ein, Herr
Wir teilen

47 *Ich glaube – stärke mich*

Ich glaube, Herr
und oft glaube ich nicht
Stärk mich

Ich hoffe, Herr
und oft verzage ich
Richt mich auf

Ich liebe, Herr
und oft liebe ich nicht
Entflamm mich

48 *Ein Land ohne Wasser*

Ein Land ohne Wasser
    bin ich
        ohne Dich, mein Gott
Fall auf mich wie milder Regen

Eine Nacht ohne Mond
    bin ich
        ohne Dich, mein Gott
Leucht mir wie der volle Mond

Ein Schiff ohne Kompaß
    bin ich
        ohne Dich, mein Gott
Führ mich wie ein sicherer Lotse

Ein Garten ohne Sonne
    bin ich
        ohne Dich, mein Gott
Schein mir wie die Morgensonne

49 *Damit die Welt nicht endet im Tod*

Laß mich Dein Verbündeter sein
    damit die Welt nicht endet im Tod
Laß mich Dein Werkzeug sein
    damit die Erde nicht endet in Verwüstung
Laß mich Deinen Willen tun
    damit die Menschen nicht enden im Haß
Laß mich handeln in Deiner Kraft
    damit Deine Schöpfung endet in der Fülle des
    Lebens

»Ich lese die Bibel aus Platzgründen.«

So preiset nun den Herrn an den Gestaden, auf den Inseln des Meeres den Namen des Herrn, des Gottes Israels. *Jesaja 24,15*

Siehe, ich sage euch ein Geheimnis: Wir werden nicht alle entschlafen, wir werden aber alle verwandelt werden. *1. Korinther 15,51*

»Ich lese die Bibel, weil sie ja praktisch von nem Kollegen handelt.«

Was ist das für eine Weisheit, die ihm gegeben ist? Und was für mächtige Taten vollbringt er? Ist er nicht der Zimmermann, der Sohn der Maria? *Markus 6,3*

»Ich lese die Bibel, weil sie so viele schöne Absätze hat.«

Du stellst meine Füße auf weiten Raum!
Psalm 31,9

III.
Die sieben Sakramente

Alles
sei
Zeichen und Spiegel
von Dir
dem Unsichtbaren, Ewigen

Taufe

Anstelle von Gebeten folgt hier ein Taufritus, den der Autor mit seinem Bruder Paul Rotzetter OFMCap entworfen hat. Die Texte sind nicht für den offiziellen liturgischen Gebrauch bestimmt. Sie können aber der privaten und gemeindlichen Meditation dienen und helfen, die Spendung des Taufsakraments besser zu verstehen, zu vertiefen und Anstöße zu geben. Dies gilt auch im entsprechenden Sinn für den Text „Hochgebet" auf Seite 110.

Die Feier des Lebens

GL 634 (KGB 668)

1 Der Mensch ist Mensch nur als Kind der Liebe

Ist es verantwortlich, heute noch Kinder zu zeugen und auf die Welt zu bringen?
In welche Welt hinein ist dieses Kind geboren? Was ist seine Zukunft?
Das Leben dieses Kindes, das Leben grundsätzlich, ist in unsere Verantwortung gegeben. Eine Leidenschaft für das Leben muß uns erfüllen.
Was aber ist das menschliche Leben?
Es genügt nicht, in die Welt gesetzt zu werden. Der Mensch ist noch nicht Mensch, wenn er dem Fleisch und Blut allein entsprungen ist. Der Mensch ist

Mensch nur als Kind der Liebe; nur wenn er von oben geboren wird.

„Wenn einer nicht aus Wasser und Geist geboren ist, kann er nicht in das Reich Gottes kommen.

Was aus dem Fleisch geboren ist, ist Fleisch.

Was aber aus dem Geist geboren ist, ist Geist" (Joh 3,5 f).

Diese Geburt aus dem Geist, von oben, aus einer Liebe, die größer ist als wir, wollen wir jetzt feiern – in den verschiedensten Zeichen.

Wir wollen beten

Du göttliches Leben
Erfüll uns mit Leidenschaft
  für das Leben, das Du uns schenkst
  für das Leben dieses Kindes und aller Kinder
  für unser eigenes Leben

Du göttliche Liebe
Laß uns Dich erkennen
  als Quelle des Menschseins
  als Kraft, die uns vorantreibt
Durch Jesus Christus, unseren Herrn

2 *Die Salbung der Sinne*

Der Mensch ist von Geburt an wund an den Sinnen. Er ist blind, taub, verschlossen, stumm und lahm.

Die Salbe ist ein Wundmittel. So will ich im Namen der Kirche die Sinne salben, damit dieses Kind ein Leben hat, das wirklich Leben ist.

Die Augen

Ich salb dich, NN.
damit du die Dinge siehst
und in die Dinge hinein
und den Kern der Dinge
im Namen Jesu unseres Herrn

GL 636/1

Die Ohren

Ich salb dich, NN.
damit du die Worte hörst
und den Sinn der Worte
und in den Worten das WORT
Jesus Christus unseren Herrn

GL 636/2

Die Hände

Ich salb dich, NN.
damit du die Hände öffnest
zum Frieden Hand bietest
und handelst
im Namen Jesu, unseres Herrn

GL 636/3

Der Mund

Ich salb dich, NN.
damit du eine Sprache findest
die zu Herzen geht
und Worte voll Liebe
im Namen Jesu, unseres Herrn

GL 636/4

Die Füße

Ich salb dich, NN.
damit du gehen kannst in alle Paradiese
und in das Reich des Friedens
und dorthin, wo du gehen mußt
im Namen Jesu, unseres Herrn

GL 636/5

Die Nase

Ich salb dich, NN.
damit du das Leben atmest
und den Duft der Schöpfung riechst
und in allem den Wohlgeruch der Freiheit
in Jesus, unserem Herrn

GL 636/6

3 Die Handauflegung

Der Mensch kann nur Mensch sein, wenn er bejaht wird. Nur wenn er aus allem und trotz allem ein letztes „Ja, ich stehe zu dir" herausspürt.
Die Kirche ist dazu da, den Menschen die Nähe Gottes erfahren zu lassen. In unserer menschlichen Nähe lebt das Ja Gottes.
Wir wollen diesem Kind menschlich nahe sein und ihm unsere Treue zu ihm versprechen:
Wir sind bei dir bis in den Tod. Wir geben dich nicht auf, auch wenn du falsche oder andere Wege als wir gehen solltest.
Wir wollen dir nahe sein.
Wir bejahen dich so, wie du bist.
Jetzt und das ganze Leben hindurch.

Zum Zeichen dafür legen wir dem Kind die Hände auf: Wir, d.h. die Vertreter der Kirche, Vater und Mutter, die Paten, die Angehörigen und Freunde (alle, die da sind).
Das Kind versteht die Sprache der Hände: Wir legen sie dem Kind auf den Kopf und zeichnen dann das Kreuz auf die Stirn.

4 *Der Name und das Versprechen der Eltern*

Frage an die Eltern:
Ihr habt das Kind NN. genannt. Warum gerade so?

Antwort der Eltern (die Eltern antworten mit eigenen Worten):

Möge dieser Name
für immer geschrieben stehen
im Buch des Lebens
in der Handfläche Gottes
und in unserem Herzen

Frage an die Eltern:
Versprecht ihr, dem Kind ein guter Vater und eine gute Mutter zu sein?

es zu lieben und mit ihm zu spielen?
seinen Hunger zu stillen und seinen Durst zu löschen?
es fähig zu machen, in der Gemeinschaft gläubiger Menschen seinen Platz einzunehmen?
ihm die ersten tastenden Wege durch die Welt zu zeigen?
ihm vom guten Gott in Wort und Tat zu erzählen?

5 *Das Licht*

(bei der brennenden Osterkerze)

Christus, der Auferstandene und Lebendige, ist das Licht,
das in unsere Beziehungen hineinstrahlt.
Die Kirche ist die Hüterin dieses Lichtes.
Wir sollen Licht sein, dieses Kind soll Licht sein –
Licht von Christus her –

(die Taufkerze entzünden und den Eltern/Paten übergeben)
singen: Lumen Christi

Du
göttliches Licht
Leucht in den Augen dieses Kindes
Strahl auf in seinem Leben
Sei Du ihm Stern in der Nacht
und Sonne am Tag

GL 555 (oder: 557)

Wir bekennen unseren Glauben:
Ich glaube an Gott den Allmächtigen

vgl. Register: Glaubensbekenntnis

6 *Das Wasser*

(schweigend Wasser schöpfen)

Gott
Wasser ist etwas Köstliches
Es macht frisch und jung, wenn wir verschwitzt sind
Es macht sauber und rein, wenn wir schmutzig sind

Es stillt unsere Sehnsucht, wenn wir Durst haben
Wasser ist etwas Köstliches

Im Wasser ist Leben
Ohne Wasser verwelken die Blumen
Ohne Wasser sterben die Keime
Ohne Wasser verschmachten die Menschen und Tiere
Im Wasser ist Leben

Wasser ist wie Du, Gott
köstlich und lebendig
Durch das Wasser rettest Du den Menschen
Durch das große Wasser hindurch hast Du Noah und seine Familie gerettet
Durch das große Wasser hindurch hast Du Moses und sein Volk gerettet

Dein Sohn Jesus Christus ist köstliches Wasser
Es macht unser Herz jung und frisch
rein und sauber
In ihm leben wir auf
In ihm entfalten sich alle Keime in uns
Durch ihn sind wir gerettet

Geist Gottes
Du ruhst auf diesem Wasser
Gib ihm die Kraft und laß es uns werden
(+) zum lebendigen Wasser
zu Jesus Christus, unserem Herrn
In ihm wollen wir sterben und auferstehen
In ihn wollen wir eintauchen und aufleben
Wir und dieses Kind

NN.,
Ich taufe dich
im Namen des Vaters und des Sohnes
und des Heiligen Geistes. Amen

GL 249

Fürbitten

7 *Das Brot und der Wein*

Der Mensch muß essen und trinken, wenn er leben will.
Es genügt nicht, wenn alle Tage etwas auf dem Tisch steht. Der Mensch braucht mehr:
Hoffnung, Zuversicht, Freude;
ein Wort, das über alles hinweghilft;
einen Menschen, der bis zuletzt bei ihm bleibt;
eine Gemeinschaft, in der er zu Hause ist;
einen Gott, der ihm die Treue hält,
selbst wenn alle ihn verlassen;
Das ist das Brot, das der Mensch braucht, um zu leben.
Das ist der Wein, den der Mensch nötig hat, um wirklich zu leben.
Jesus Christus ist das Brot, das vom Himmel kommt.
Wer es ißt, wird leben, auch wenn er stirbt.
Jesus Christus ist der Wein, der vom Himmel kommt.
Wer ihn trinkt, wird leben in der Freude des Festes,
selbst wenn Not und Tod über ihn kommen.

(Eucharistiefeier von der Gabenbereitung an)

(Vor der Kommunion:)

Mit dem heutigen Tag bekommt das neu getaufte Kind auch grundsätzlich das Recht zur Teilnahme an der Eucharistiefeier. Das kommt in der Ostkirche dadurch zum Ausdruck, daß man die Lippen des Getauften mit dem heiligen Wein berührt. Wir wollen dieses Zeichen setzen und das Kind als volles Glied unserer Kirche anerkennen.

(Aus diesem Ritus ergibt sich, daß die Taufe normalerweise im offiziellen Pfarrgottesdienst stattfinden sollte).

↗I. 15–21; V. 3;

Eucharistie

8 *Sammle mich*

Sammle mich, Gott
    aus aller Zerstreuung
Sammle mich in deine Liebe

Hol mich, Gott
    aus aller Einsamkeit
Hol mich in Deine Liebe

Verbind mich, Gott
    mit meinen Brüdern und Schwestern
Verbind mich in Deiner Liebe

Verein mich, Gott
    mit Deiner Kirche
Verein mich in Deiner Liebe

Gott
Du bist ein großer Berg
unnahbar und gewaltig
Herr, erbarme Dich

Gott
Du bist ein tiefes Meer
unauslotbar und geheimnisvoll
Herr, erbarme Dich

Gott
Du bist ein strömender Fluß
unüberbrückbar und mitreißend
Herr, erbarme Dich

Gott
Du bist eine große Stadt
unüberblickbar und lebendig
Herr, erbarme Dich

Gott
Du bist eine sengende Sonne
unendlich fern und doch spürbar nah
Herr, erbarme Dich

Gott
Du bist ein reißender Bergbach
unheimlich und alles überschwemmend
Herr, erbarme Dich

Gott
Du bist eine blühende Wiese
unbeschreiblich und bunt
Herr, erbarme Dich

10 *Du bist das Wort*

Gott
Du bist das Wort

Öffne Dich für uns Menschen
damit wir einander verstehen
Sprich Dein Wort in unsere Worte
damit sie Sinn bekommen
Sei Du der Sinn in unseren Sinnen
damit wir einander begreifen
Sei Du die Sprache in unserer Sprache
damit wir zum Gespräch finden

11 *Unser Brot – Dein Brot*

Unser Brot – Dein Brot
Dein Brot – unser Brot

Unser Wein – Dein Wein
Dein Wein – unser Wein

Unser Leben – Dein Leben
Dein Leben – unser Leben

Unsere Gedanken – Deine Gedanken
Deinc Gedanken – unsere Gedanken

Unsere Welt – Deine Welt
Deine Welt – unsere Welt

durch Jesus Christus, unseren Herrn

Wir danken Dir
für Brot und Wein
für das gute Wort, das wir hören
für jedes Zeichen der Liebe, das wir sehen
für den Keim der Hoffnung, der in uns ist
für alles Gute, Schöne und Wahre
Besonders danken wir Dir
für Deinen Sohn Jesus Christus
Er ist uns Weg geworden, Wahrheit und Leben
Darum verbinden wir uns mit allen Heiligen im Himmel
und mit allen Geschöpfen auf der Erde
um Dich zu loben und zu preisen

Heilig, heilig, heilig ...

(Gemeindegesang)

Ja, Du bist heilig, allmächtiger Gott
und Du willst, daß wir heilig sind
Du bist das Feuer der Liebe
und Du willst, daß es brennt in unseren Herzen
Du bist Heiliger Geist
und Du willst das Antlitz der Erde erneuern
Darum bitten wir:
Heilige unser Zusammensein mit Deiner Gegenwart
Entzünd das Feuer Deiner Liebe in unserer Mitte
Gib uns neue Worte, neue Taten, ein neues Herz

Heiligе dieses Brot und diesen Wein
Laß uns darin Deinen Sohn erkennen
der sich hingibt, damit wir leben
Denn in der Nacht ...

(Einsetzungsbericht)

Gott, unser Vater
wir erinnern uns Deines Sohnes mit Freude
Denn seine Worte sind immer noch neu und unerhört
Seine Taten immer noch voll Hoffnung und Kraft
Sein Sterben am Kreuz ist auch heute die Quelle des Lebens
Wir neigen uns vor Deiner allmächtigen Liebe
Gott, unser Vater
Denn Du hast Jesus nicht im Stich gelassen
Du hast ihn auferweckt
Du hast ihm ein Leben gegeben, das keinen Tod mehr kennt
Ein Leben an Deiner Seite
und hier bei uns in Brot und Wein

Wir bitten Dich
Gott, unser Vater
Laß uns teilhaben an der Herrlichkeit Deines Sohnes
an seinem Leben bei Dir
an seinem Leib und seinem Blut
Erfüll uns mit seinem Heiligen Geist
mit dem Geist der Hingabe und der Liebe
Laß uns eins werden in ihm

Gott, unser Vater
Verbind uns mit allen, die den Namen Deines Sohnes tragen

mit unseren Pfarrgemeinden
mit der ganzen Kirche überall auf der Erde
Laß uns Deine Verbündeten sein
Dein ewiger Bund unter den Menschen

Öffne uns für alle Völker und Nationen
für jeden einzelnen Menschen
für seine Fragen und Sorgen
für seine Nöte und Leiden
Führ sie alle zusammen in Frieden und
Gerechtigkeit

Gott, unser Vater
Wir bitten Dich für die Verstorbenen
Wir wollen ihnen ein treues Andenken bewahren
über den Tod hinaus
Sei Du ihnen Licht und Leben

Laß uns die Gemeinschaft mit Deinen Heiligen
erfahren
mit Maria, der Mutter Deines Sohnes
mit allen, die Deine Hoffnung lebten
mit allen, die Dir treu geblieben sind bis in
den Tod
mit allen, die gekämpft haben für die Armen
und Bedrängten
Laß uns mit ihnen zusammen das Leben feiern
und Dich loben und preisen
durch Christus, unseren Herrn

Durch ihn …

13 *Lebensgemeinschaft mit Dir*

Lebensgemeinschaft mit Dir, unser Gott
und mit allen Menschen gib uns
durch dieses Brot, das wir miteinander teilen

Blutsgemeinschaft mit Dir, unser Gott
und mit allen Menschen gib uns
durch diesen Wein, den wir gemeinsam trinken

Schließ Du, unser Gott, einen ewigen Bund mit uns
und mit allen Menschen
an diesem Tisch, den Du uns deckst

14 *Du, Brot*

Du, Brot
Du bist unsere Mitte
Du, Brot
Nach Dir schreien wir
Du, Brot
Von dir leben wir
Du, Brot
Dich beten wir an
Du, Brot
In Dir finden wir uns
Du, Brot
Durch Dich können wir Freunde werden
Du, Brot
In Dir ist unsere Freude
Du, Brot
In Dir erkennen wir unseren Lebenssinn
Du, Brot

Firmung

Die Firmung ist ein Aspekt der Taufe. Sie unterstreicht das Element der Mündigkeit und der Sendung des Christen. Die folgenden Gebete sind so gehalten, daß sie nicht nur am Firmtag, sondern auch als Tauferneuerung gebetet werden können. Sie können – leicht verändert – als Gemeinschaftsgebete oder als Gebete für die Firmlinge verwendet werden, indem das „ich" durch „wir" bzw. „du" ersetzt wird.

15 *Erneuere Deine Kraft in mir*

Wie ein Baum in der Erde
wurzle ich in Dir
Heilige Liebe
Erneuere Deine Kraft in mir
Ich will ja sagen
zu Deiner Liebe
und sie bezeugen in der Welt

Wie ein Fisch im weiten Meer
bin ich umgeben von Dir
Heilige Liebe
Erneuere Dein Leben in mir
Ich will ja sagen
zu Deinem Leben
und es zeugen in der Welt

16 *Begeistere mich*

Heiliger Geist
Begeistere mich
für Deinen Willen
den Tod zu überwinden

Entflamme mich
für Dein Vorhaben
die Stadt des Friedens zu bauen

Begeistere mich
für Deine Verheißung
alle Menschen zu einem Fest zu führen

Entflamme mich
für Dein Ziel
den Armen Gerechtigkeit zu bringen

Begeistere und entflamme mich
und wirk durch mich
Heiliger Geist

17 *Ich bitte um Mut und Treue*

Heiliger Geist
Ich bitte
um Mut und Treue
damit ich mit Jesus
die Stadt der Liebe und des Friedens bauen
kann
Nimm mir die Angst
Weizenkorn zu sein
für das Brot der künftigen Stadt
In der Erde versenkt zu werden
für das Brot der künftigen Stadt

Geschlagen und gedroschen zu werden
für das Brot der künftigen Stadt
Durch die Mühlen getrieben zu werden
für das Brot der künftigen Stadt
Durch das Feuer geschickt zu werden
für das Brot der künftigen Stadt

Heiliger Geist
Ich bitte
um Mut und Treue
damit ich mit Jesus
die Stadt der Liebe und des Friedens bauen
kann

18 *Gott, salbe mich mit Heiligem Geist*

Gott
Salbe mich mit Heiligem Geist
Laß mich den Armen Freude und Gerechtigkeit
bringen
den Gefangenen Freiheit
den Blinden das Augenlicht
den Gelähmten und Müdegewordenen Kraft
und Schwung
den Toten das Leben
den Schuldiggewordenen Deine Vergebung
und allen Menschen Deine Liebe

19 *Das freie und offene Wort*

Das freie und offene Wort
gib mir, Heiliger Geist
wo es nötig ist

Nimm mir die Angst
und die Zaghaftigkeit
Erneuere den Geist der Propheten
    in unserer Mitte

Wie ein Vogel auf dem Dach
    laß mich die Wahrheit sagen
Wie die Posaunen von Jericho
    laß mich die Bastionen zu Fall bringen
Wie Jeremias und Amos
    laß mich einstehen für Gerechtigkeit
        und Menschlichkeit

20 *Atme in mir*

Du
Atem der Freiheit
atme in mir
    und in der ganzen Welt

Du
Strom des Lebens
Ströme in mir
    und in der ganzen Welt

Du
Blitz der neuen Welt
blitze auf in mir
    und in der ganzen Welt

Du
Donner der Gerechtigkeit
Dröhne in mir
    und in der ganzen Welt

Du
Rose des Friedens
blühe in mir
und in der ganzen Welt

Du
frischer Wind
wehe in mir
und in der ganzen Welt

Du
göttlicher Drang
bedränge mich
und die ganze Welt

21 Du in mir und ich in Dir

Näher als ich mir nahe bin
bist DU
Du in mir

Lock mich in mich hinein
Sammle mich in meiner Tiefe
Laß mich nicht fortgehen von mir
damit ich Dich finde in mir
und mich in Dir

↗I. 4, 33, 38; II. 4, 18, 35–42, 43, 48; V. 7, 29–34;
VII. 13, 24, 25

Buße

Das Sakrament der Buße ist der Eucharistie zugeordnet: Wer die Fähigkeit zur Eucharistie, das heißt zur Feier der Gemeinschaft mit Christus und mit den anderen Gläubigen verloren hat, kann dazu nicht wieder aus eigenem Entschluß fähig werden, sondern nur aus zugesprochener Gnade heraus; die Auffassungen, was im einzelnen eucharistieunfähig macht, haben sich in der Geschichte gewandelt. – Die folgenden Gebete sind auch für eine weitere Verwendung gedacht.

22 *Ein erloschenes Feuer*

Du Grund
aus dem ich lebe

Der Glaube in mir –
welke Blumen!
Die Hoffnung in mir –
lahme Flügel!
Die Liebe in mir –
ein erloschenes Feuer!

Ich will wieder Wurzel schlagen in Dir
Laß
die Blumen blühen
die Flügel schwingen
das Feuer brennen
Du Grund
aus dem ich lebe

23 *Lange ist es her*

Gott
Lange ist es her
seit ich an Dich gedacht
Lange
seit ich auf Deine Stimme geachtet
Lange
seit ich auf Dein Wort gehört
Lange ist es her
seit ich Dich gefeiert
mit allen, die an Dich glauben
Lange
seit ich Dein Brot geteilt habe
mit meinen Brüdern und Schwestern

Jetzt hast Du mich eingeholt
Jetz bin ich da
vor Dir

Versöhn mich mit Dir
und Deiner Familie hier auf Erden
und laß mich freudig
das Fest des Lebens feiern

24 *Herr, vergib*

Gott
Schuldig bin ich geworden
vor Dir
vor mir selbst
und vor den Menschen
die Du liebst

Ich habe mich eingenistet
	in eine falsche Welt
Ich habe mich selbst in die Enge getrieben
	und kann nicht mehr weiter
Ich habe das Gut verschleudert
	das den Armen gehört
Ich habe ihnen das Brot nicht gegeben
	das ihnen zusteht
Ich bin Menschen unwürdig begegnet
	habe sie wie Sachen behandelt
Ich bin nicht der
der ich sein sollte

Gott
Schuldig bin ich geworden
	vor Dir
	vor mir selbst
und vor den Menschen
	die Du liebst

25 *Ich will umkehren zu Dir*

Ich will umkehren zu Dir
	zu einer leidenschaftlichen Liebe
	zu einem grenzenlosen Vertrauen
	zu einem einfachen Glauben
Ich will umkehren zu Dir
	die Gerechtigkeit suchen
	den Frieden bringen
	die Versöhnung leben
Ich will umkehren zu Dir
	das Gute sehen
	das Wahre erkennen

das Schöne feiern
Ich will umkehren zu Dir
und in der Gemeinschaft mit Dir
leben und wirken

26 *Ich bekenne*

Gott
Vor Dir
und vor den Menschen
bekenne ich
meine Fehler
meinen Anteil an Schuld
mein ganz persönliches Versagen

Laß mich wahr sein
ehrlich vor mir selbst
Laß mich meinen Schatten
erkennen und annehmen
Laß mich durch diesen Tod hindurch
das Leben finden

27 *Absolution*

Im Namen Jesu
darf ich dir sagen:
Gott ist gut
Gott rettet
Er will
daß der Tod in dir stirbt
daß in dir das Leben aufblüht

Darum darf ich dich jetzt freimachen
von allem, was dich belastet
von Schuld und Sünden
im Namen des Vaters, des Sohnes
und des Heiligen Geistes.

28 *... erhelle mir den Weg*

Das Licht der Vergebung
erhelle mir (dir) den Weg
Der Baum des Friedens
gebe mir (dir) Schatten
Die Welle der Liebe
trage mich (dich) über das Meer
Die Kraft der Versöhnung
lasse mich (dich) die Hindernisse überwinden
Das Leben Gottes
fließe durch meine (deine) Hände und Füße

↗III. 22–28; VI. 3, 36–42

Krankensalbung

Die Krankensalbung bringt zum Ausdruck, daß die Krankheit des Menschen in die Mitte der Kirche gehört. Die Kranken dürfen nicht allein gelassen werden. Leider ist in vielen Bevölkerungsschichten immer noch die Auffassung verbreitet, daß es sich bei diesem Sakrament um ein Sterbesakrament handelt. Darum sei mit allem Nachdruck betont: es geht um die Kranken, um den sorgenden und mitfühlenden Glauben, daß das Heil Gottes mitten in der Krankheit wirksam wird. Die ersten vier Gebete sind Gebete der Kranken, die drei anderen Gebete für die Kranken.

29 Ich muß erkennen

Ich muß erkennen
daß mein Leben nicht in meinen Händen liegt
daß ich auch in gesunden Tagen
nicht darüber verfügen konnte

Ich bin abhängig
von Menschen, die mich pflegen
von einem Willen, der nicht der meine ist
von Vorgängen, auf die ich keinen Einfluß
habe

Nun schlägt für mich
die Stunde der Wahrheit

Gott
laß mich diese Stunde nützen
und ja sagen zu dem, was ich bin
Laß mich nicht allein
Sei mit mir
im Schmerz und im Leiden
in der Schwäche und im Tod
wenn ich wache und
wenn ich schlafe

30 *Warum?*

Gott
Eine einzige Frage bin ich

Warum?
Warum gerade jetzt?
Warum gerade hier?
Warum gerade das?
Warum gerade ich?

31 *Ich will mein Leiden ausleiden*

Gott
Ich will mein Leiden ausleiden
und Dir anbieten
als Schrei der Welt zu Dir
Ich will meinen Schmerz aushalten
und Dir anbieten
als Bitte der Welt an Dich

Ich will meine Wunden annehmen
und Dir anbieten
als Frage der Welt an Dich

Ich will meine Angst durchleben
und Dir anbieten
als Vorwurf der Welt an Dich

Ich will meine Fragen stellen
und Dir anbieten
als Offenheit der Welt für Dich

32 *Diese Krankheit führt zum Tod*

Du
Herr über Leben und Tod
Ich weiß:
Diese Krankheit führt zum Tod
Nur wenig Zeit ist mir noch gegeben

Ich bitte Dich:
Laß mich die Zeit nützen
Laß mich tun, was wichtig ist
Wandle die Gewißheit meines Todes
in fließendes Leben
für mich und meine Umgebung

33 *Komm zu diesem Kranken*

Du
Heil der Kranken
Ich nehme Dich beim Wort
und bitte Dich

Komm zu diesem Kranken
Laß ihn erfahren
daß Du sein Heil bist
daß Du da bist
leibhaft nahe
auch durch mich

Nimm den kranken Leib in Deine Hände
und richte ihn auf
Drück die wunde Seele an Dein Herz
und heile sie
Berühr den fragenden Geist
und erweck ihn zu neuem Leben

34 *Im Namen aller, die glauben*

Im Namen aller, die glauben
ruf ich zu Gott:
Sei diesem Kranken nahe

Im Namen aller, die Hoffnung haben
leg ich dir, NN
die Hände auf

(Stille)

In meinen Händen
die gütige Hand Gottes!
In meiner Nähe
die heilende Nähe Gottes!
In meiner Zuwendung
die lebendige Zuwendung Gottes!

(Stille)

Gott
Sei diesem Kranken nahe
    und richte ihn auf
        in Hoffnung und Kraft

35 *Ich segne Dich*

Ich segne Dich:
    Der Vater
        erfülle Dich mit Liebe
        Du sollst sie erfahren
        hier und jetzt
    Der Sohn
        erfülle Dich mit Leben
        Du sollst leben
        hier und jetzt
    Der Heilige Geist
        erfülle Dich mit Kraft
        Du sollst stark sein
        hier und jetzt
Es segne Dich
        der Vater
        der Sohn
        der Heilige Geist

Ehe

36 *Liebe, was bist Du?*

Liebe
Was bist Du
 daß Du in mir brennst?
Woher kommst Du
 daß ich Dich nicht benennen kann?
Warum kann ich den Grund nicht angeben
 weshalb ich liebe?

In mir brennt ein Feuer
 das ich nicht entzündet habe
In mir lebt etwas
 worüber ich nicht verfüge

Ich will Dir vertrauen
Führ mich auf Deinem Weg

37 *Reicht es schon?*

Heilige Liebe
In der Begegnung mit Dir
 will ich meine Beziehung zu NN bedenken

Vieles ist gewachsen zwischen uns
 aber reicht es schon für einen Baum?

Dein Feuer brennt in uns
    aber reicht es schon für einen gemeinsamen Herd?
Vieles verbindet uns
    aber reicht es schon für ein gemeinsames Haus?
Öffne mir die Augen
    damit ich sehe und die Antwort finde

38 *Ja will ich sagen*

Gott
Du bist das große Ja

Ja will ich sagen zu NN
    vorbehaltlos ja
Ja zu Licht und Schatten
    zu Vorzügen und Schwächen

Ja will ich sagen zu NN
    vorbehaltlos ja
Ja, wenn er/sie zärtlich ist
    und ja, wenn er/sie Wunden schlägt
Ja in gesunden und kranken Tagen

Ja will ich sagen zu NN
    vorbehaltlos ja
Ja zu ihm/ihr, wie ich ihn/sie jetzt kenne
    und ja zu dem, was noch verborgen ist

Mach Dein Ja lebendig in meinem Ja
    und laß mich getragen wissen
    durch NN's Ja

39 *Im Namen der Liebe bitte ich für NN*

Im Namen der Liebe
bitte ich für NN

Umhüll ihn/sie mit dem Mantel der Liebe
damit er/sie nicht friert
Bahn ihm/ihr den Weg
damit er/sie sich nicht verirrt
Trag ihn/sie auf Deinen Händen
damit er/sie sich nie verlassen fühlt
Führ ihn/sie zurück zu mir
damit wir uns mit Leib und Seele erfahren
im Haus der Liebe

40 *Wir haben Mühe miteinander*

Gott
Wir haben Mühe miteinander
NN und ich
Du weißt es

Ich bitte Dich
Berühr unsere Beziehung mit Deiner Liebe
Laß uns schweigen, wo schweigen richtig ist
und reden, wo man reden muß
Laß uns streiten, wo der Streit weiterführt
und den Streit beenden, wenn es Zeit ist
Führ uns durch diese Krise hindurch
damit unsere Liebe aufbricht zu neuen
Horizonten

41 *So viele Jahre sind wir zusammen!*

Großer Gott
So viele Jahre sind wir zusammen!

Wie alter Wein könnten wir füreinander sein
köstlich, feurig, kräftig
Laß es uns sein

Wie ein altes Haus könnten wir für einander sein
sicher, fest, wohnlich
Laß es uns sein

Wie ein altes Buch könnten wir füreinander sein
kostbar, schön, wertvoll
Laß es uns sein

42 *Nur ein halber Mensch*

Gott
Unbegreiflicher

Nur ein halber Mensch bin ich
Ein Stück von mir ist ins Grab gesunken
Wie soll ich leben ohne NN?
Wie kann ich essen ohne ihn/sie?
Wie kann ich schlafen,
ohne ihn/sie neben mir zu wissen?

Gott
Erwecke NN zu neuem Leben
in dem ich bei ihm/ihr bin
und er/sie bei mir

Laß mich ganz werden
indem ich mich löse
und NN Dir überlasse

Kirchlicher Dienst

43 *Weck die Kraft, Gegensätze zu verbinden*

Du
Gott der Menschen
Du willst, daß wir Deine Verbündeten sind
  Dein Bund der Liebe

Weck in unserer Mitte die Kraft
    Gegensätze zu verbinden
    und Knoten zu lösen

Gib uns die Fähigkeit
    Dein versöhnendes Wort zu sagen
    und befreiende Zeichen zu setzen

Ruf aus uns Menschen heraus
    die durchsichtig sind auf Dich hin
    die Brücken schlagen
    die das Band der Liebe knüpfen
und Deinen Bund zum Fest machen

44 *Damit die Kirche zum Erlebnis wird*

Du
Gott der Liebe
Du willst
    daß wir uns versammeln
      zum Bund der Liebe

Haben wir so wenig Priester
    weil wir nicht offen sind für Dich?
Oder weil unsere Kirchenleitung nicht erkennt
    wen Du berufen hast?
Befrei uns von der Last der Geschichte
    von zweit- und drittrangigen Gesetzen
    von falschen und überholten
    Wertvorstellungen

Laß uns ja sagen
    zur Mitte unseres Glaubens
        zum Teilen des Brotes
    zur Feier des Bundes
    zur Gemeinschaft der Brüder und Schwestern
        zu Deiner Gegenwart in unserer Mitte

Weck unter uns Menschen
    die Deinen Bund zum Erlebnis
    und Deine Kirche zum Fest machen

45 Brüder, nicht Herren; Schwestern, nicht Primadonnen

Jesus Christus
Bruder und Meister

    Erfüll die Kirche mit Deiner Gegenwart
    Präg ihr Deine Gesichtszüge ein

Wir suchen Brüder, nicht Herren
    Schwestern, nicht Primadonnen
Gib uns Brüder und Schwestern

Wir suchen Brot, nicht Steine
    Wein, nicht Essig
Gib uns Brot und Wein

Wir suchen ein Wort, nicht Wörter
    Taten, nicht Theorien
Gib uns Worte und Taten

Wir suchen Hände, nicht Fäuste
    ein Herz, nicht Härte
Gib uns Hände und Herz

Wir suchen Salbe für die Wunden, nicht bohrende Pfeile
    Einfühlung, nicht Hiebe
Gib uns Salbe und Einfühlung

46 *Licht will ich sein*

Licht will ich sein
    Dein Licht in der Welt
Brot will ich sein
    Dein Brot auf dem Tisch
Wein will ich sein
    Dein Wein im Glas
Wort will ich sein
    Dein Wort in der Öffentlichkeit
Werkzeug will ich sein
    Dein Werkzeug unter den Menschen

47 *Klammer, die alles zusammenhält*

Gott
Du hast mich in Deinen Dienst genommen

So laß mich Klammer sein
    die alles zusammenhält
Ein Zündholz, das die Liebe entfacht

Laß mich Dach sein
unter dem alle zu Hause sind
Ein Haus, das offen steht

Laß mich Wegweiser sein
der auf Dich zeigt
Treibstoff, der in Bewegung hält

Laß mich leben mit Dir und in Dir
mit und in Deinem Volk

48 *Eine Menschenkette sollen wir sein*

Eine Menschenkette, die Du geschmiedet hast,
sollen wir sein
Eine Menschenkette für Frieden und Gerechtigkeit
über die ganze Welt
Wir wollen es sein

Ein Band, das du geknüpft hast,
sollen wir sein
Ein Band der Freude und Zuversicht
über die ganze Welt
Wir wollen es sein

Ein Bund, den Du geschlossen hast,
sollen wir sein
Ein Bund der Liebe und Treue
in der ganzen Welt
Wir wollen es sein

Ein Zeichen, das Du gesetzt hast,
sollen wir sein
Ein Zeichen der Hoffnung und der Kraft
in der ganzen Welt
Wir wollen es sein

Ein Volk, das Du gesammelt hast,
sollen wir sein
Ein Volk von Brüdern und Schwestern
in der ganzen Welt
Wir wollen es sein

Eine Stadt, die Du gebaut hast,
sollen wir sein
Eine Stadt voll Licht
in der ganzen Welt
Wir wollen es sein

Ein Haus, in dem Du wohnst,
sollen wir sein
Ein Haus der Geborgenheit
in der ganzen Welt
Wir wollen es sein

Ein Leib, den Du belebst,
sollen wir sein
Ein Leib voll Kraft und Leben
in der ganzen Welt
Wir wollen es sein

Priester, die Du geweiht hast,
sollen wir sein
Ein Volk von Priestern
in der ganzen Welt
Wir wollen es sein

49 *Sende mich*

Da bin ich
Gott
vor Dir
Sende mich
Rufe mich
Dränge mich

Laß mich den brennenden Dornbusch sehen
 aus dem Du heute rufst
Laß mich das zerschundene Antlitz erkennen
 aus dem Du mich heute anschaust
Laß mich Dich entdecken
 in einem Gärtner wie Maria von Magdala
 im Fremden wie die Jünger von Emaus
 im verachteten Menschen wie Franz von
 Assisi
Ich will Deine Gegenwart anbeten
 nicht nur in der Kirche
 sondern auch in der Welt

IV.
Die sieben Lebensalter

Jeder Säugling lallt
und
jeder Greis ruft
Deinen Namen
Jede Frau singt
und
jeder Mann jubelt
Dein Lied

Kindheit

Beten mit dem Kind wurzelt in der Gebetsgemeinschaft von Vater und Mutter. Darum gibt es schon ein „vorgeburtliches Gebet" des Kindes.

1 *Schwanger bin ich*

(beim Anschauen und Berühren des schwangeren Bauches)

Leben bist Du
Gott
nichts als Leben

Ich geh schwanger
bin voll Leben
    vom Leben schwer
Wie schön ist es
    das Leben zu spüren und
    zu liebkosen
Wie schön
    ein Haus zu sein für das Leben

Behüt dieses Leben
    in mir
    durch mich
Mit allen Sinnen will ich dem Leben
    zugewandt sein
Segne mich
    und alle, die das Gewicht des Lebens tragen

2 *Vater sein*

Gott
Du zeugst das Leben durch mich
Dir verdanke ich
die Kraft, Leben zu zeugen

Laß mich ein liebender und sorgender Vater sein
Ich will das werdende Leben berühren
will schauen und warten
und alles vorbereiten
für den Tag der Geburt

Gib mir ein feines Gespür
Zartgefühl für meine Frau
und das Leben in ihr

3 *Mit Dir im Bunde*

Liebe bist Du
Gott
und Leben

Wir sind mit Dir im Bunde
Wir lieben uns
und spüren das Leben
Unsere Liebe ist wie ein Brunnen
der überfließt
in diesem Kind

Laß uns Dach sein
über diesem Kind

Ein Haus
für dieses Leben
Schatten
in der Hitze
Sonne
in der Kälte

4 *So lieb hab Dich der liebe Gott*

(Die Sprache sprechen, die das Kind versteht: herzen und zärtlich streicheln, dazu:)

So, wie ich dich lieb hab, NN
so lieb hab dich der liebe Gott
und noch viel mehr

5 *In Gottes lieber Hand*

Mit dem Kind in lebendigem Kontakt stehen: es ansprechen, seine Hand in die Hand nehmen, ins Auge schauen, die Wange an die Wange drücken – all die Dinge tun, von denen im Gebetstext die Rede ist.

Deine Hand, mein Kind
in meiner Hand
Beide in Gottes lieber Hand

Mein Auge, mein Kind
in deinem Auge
Beide in Gottes liebem Auge

Deine Wange, mein Kind
an meiner Wange
Beide an Gottes lieber Wange

Ich bei dir, mein Kind
und du bei mir
Beide beim lieben Gott
und der liebe Gott bei uns

6 *Alle kleinen Kinder*

(nach der Melodie:
„Alli chlini Äntli" bzw. „Alle meine Entchen")

Alle kleinen Kinder
liebt der liebe Gott
liebt der liebe Gott
Lieben sollen alle
unsern lieben Gott

7 *Laß uns alle fröhlich werden*

(nach der Melodie: „Fuchs, du hast die Gans gestohlen")

Gott, Du hast die Welt geschaffen
alles singe Dir
alles singe Dir
Laß uns alle fröhlich werden
hier und jetzt bei Dir
Laß uns alle fröhlich werden
hier und jetzt bei Dir

Schulzeit

8 *Gottes Kinder sind wir hier*

(nach der Melodie: „Alle Vögel sind schon da")

Gottes Kinder sind wir hier
Gottes Kinder alle
In der Schule und zu Haus
Auf dem Weg und auch beim Spiel
Immer sei Du, Gott, mit uns
Komm in unsre Mitte

9 *Daß wir die Tränen trocknen*

(nach der Melodie: „Der Mond ist aufgegangen")

So viele Kinderaugen
die müssen Tränen weinen
weil niemand hilft und heilt
Der liebe Gott, der will es
daß wir die Tränen trocknen
So gib uns Kraft dazu, o Gott

10 *Beim Lesen, Schreiben, Rechnen*

(nach der Melodie: „Ein Männlein steht im Walde")

Beim Lesen, Schreiben, Rechnen
ist Gott dabei
Er will uns darin suchen und haben gern
Laßt uns alle offen sein
Daß uns Gott begegnen kann
und uns alle mache frei und froh

11 *Lehr mich*

Lieber Gott
Ohren hast Du mir gegeben
Lehr mich gut hören
Augen hab ich bekommen
Lehr mich richtig sehen
Einen Mund hast Du mir geschenkt
Lehr mich reden und schweigen zur rechten Zeit
Eine Nase hab ich bekommen
Lehr mich spüren, woher der Wind kommt
Hände hast Du mir gegeben
Lehr mich handeln, wie Du es willst
Füße hab ich bekommen
Lehr mich gute Wege gehen

12 *Lehr uns Frieden*

(Nach der Melodie: „Heilig ist Gott in Herrlichkeit")

Du bist bei uns in Freud und Leid
Du reichst uns allen Deine Hand
Den Frieden lernen wir bei allem
Was wir hier tun an diesem Tag
Ja, Frieden lehr uns allen. Amen.

13 *Die Angst ist groß und mächtig*

(nach der Melodie: „Der Mond ist aufgegangen")

Die Angst ist groß und mächtig
die Schule viel zu mühsam
und ich kann nichts allein
Doch Gott ist lieb und gütig
in seinen Händen schwinden
all meine schweren Ängste fort

14 *Ich danke Dir für meine Lehrer*

Ein Baum bin ich
    im Garten der Menschen
und muß beschnitten werden

Eine Pflanze bin ich
    am Fenster der Menschen
und muß begossen werden

Ein Garten bin ich
    im Land der Menschen
und muß gepflegt werden

Ein Blumenstrauß bin ich
    auf dem Tisch der Menschen
und muß gebündelt werden

Ich danke Dir, mein Gott,
    für meine Lehrer
und für alle
    die mich beschneiden und begießen
für alle
    die mich pflegen und bündeln

↗II. 8; III. 1; VII. 4

Reifezeit

15 *Wenn wir doch Frieden hätten*

Lieber Gott

Die Kinderschuhe sind mir zu klein geworden
und doch werde ich behandelt wie ein Kind
Das will ich mir nicht mehr gefallen lassen
und darum gibt es immer wieder Krach zu Hause

Das tut mir weh!
Wenn wir doch Frieden hätten
ich und meine Eltern!

16 *Vertraut werden mit meinem Körper*

Lieber Gott

Mein Körper spricht eine neue Sprache
und ich muß sie verstehen lernen
Das Neue macht mich unruhig:
die Gefühle, die kommen und gehen
der Körper, der sich verändert
das Drängen in meinen Gliedern

Nimm mir die Angst vor dem Ungewohnten
Laß mich vertraut werden mit meinem Körper
und offen für ein Leben als Frau/Mann

17 *Und ich?*

Jede Blume hat ihre Farbe
Und ich?
Welche Farbe hast Du mir zugedacht, mein Gott?

Jeder Stern hat seinen Platz am Himmel
Und ich?
Welchen Platz hast Du mir vorbehalten, mein Gott?

Jedes Rädchen hat seine Aufgabe in der Maschine
Und ich?
Welche Aufgabe hast Du mir gestellt, mein Gott?

Jedes Glied ist nötig in der Kette
Und ich?
Wo bin ich nötig, mein Gott?

18 *Die Bilder – sie verblassen*

Gott

Die Bilder, die man von Dir zeichnete
– sie verblassen
Zeig Dich mir
damit ich Dein Bild in mein Herz malen kann

Die Worte, die man über Dich sprach
– sie geben keinen Sinn mehr
Sprich zu mir
damit ich Dein Wort in mein Leben schreiben kann

Die Lieder, die man von Dir sang
   – sie verklingen
   Leb in mir
      damit ich singe und tanze

19 *Gib doch Brot*

(nach der Melodie: „Kumbaja")

Hunger hat, mein Gott, unsre Welt (3mal)
   O Gott, gib doch Brot

Leben will, mein Gott, jeder Mensch (3mal)
   O Gott, töt den Tod

Liebe sucht, mein Gott, jedes Kind (3mal)
   O Gott, lieb uns all

Alle Welt, mein Gott, lebt aus Dir (3mal)
   O Gott, leb in mir

20 *Suchet den Frieden*

(nach der Melodie:
„Lobet und preiset, ihr Völker, den Herrn")

Männer und Frauen und Kinder der Welt
Suchet den Frieden, denn das allein zählt
Gott, sei Du der Friede der Welt

21 Frei sein möchte ich

Frei sein möchte ich
von Schule und Arbeit
und Zeit haben

Frei sein möchte ich
von Vater und Mutter
und selbst entscheiden

Frei sein möchte ich
von Kirche und Staat
und eine neue Welt entwerfen

Gib, Gott, daß ich frei bin
für mich
für die Menschen
für Dich

Jugendzeit

22 *Jung sein wie Du, Gott*

Jung sein wie Du, Gott
und alle Tage neu
Beweglich sein wie Du, Gott
und immer da
Neu sein wie Du, Gott
und voller Überraschungen
Ja, Gott,
So möchte ich sein!

23 *Nimm unser Herz für einen neuen Bund*

Jesus Christus

Einen neuen Bund willst Du
einen Bund zum Liebhaben
einen neuen Bund für ewige Zeiten

Und uns willst Du
als Bund zum Liebhaben
uns als neuen Bund

Und neue Gedanken willst Du
für einen Bund zum Liebhaben
unsere Gedanken für einen neuen Bund

Und Phantasie willst Du
für einen Bund zum Liebhaben
unsere Phantasie für einen neuen Bund

Nimm unser Herz
    für einen Bund zum Liebhaben
    für eine Kirche, die lebt

24 *Ich suche Geborgenheit*

Gott

Ich suche Geborgenheit
    Hände, die sich halten
    Deine Hand

Ich suche Wärme
    Menschen, die sich nahe sind
    Deine Nähe

Ich suche Liebe
    Herzen, die sich finden
    Dein Herz

Ich suche ein Zuhause
    Junge Menschen, die sich bergen
    Deine Gemeinschaft

Hilf mir suchen
und finden

25 *Immerzu muß ich an NN denken*

Lieber Gott

Du weißt, was mir NN bedeutet:
Immerzu muß ich an ihn/sie denken
Meine Träume kreisen immer nur um ihn/sie
Mein Herz ist ständig bei ihm/ihr
Und das macht mich glücklich

Ich möchte, daß Du dabei bist
    wenn ich an ihn/sie denke
    wenn ich von ihm/ihr träume
    wenn mein Herz bei ihm/ihr ist

Ich möchte, daß Du bei ihm/ihr bist
    und ihn/sie umhüllst mit Deiner Liebe

26 *Ich möchte ICH sein*

Lieber Gott

Ich möchte ICH sein
    auch in der Arbeit
Damit ich mich darin finde
    und nicht verliere
Nimm mich an der Hand

Ich möchte ICH sein
    auch in der Freizeit
Damit ich mich darin finde
    und nicht verliere
Nimm mich an der Hand

Ich möchte ICH sein
    auch im Staat
Damit ich mich darin finde
    Und nicht verliere
Nimm mich an der Hand

Ich möchte ICH sein
    auch in der Kirche
Damit ich mich darin finde
    und nicht verliere
Nimm mich an der Hand

Ich möchte ICH sein
auch in der Welt
Damit ich mich darin finde
und nicht verliere
Nimm mich an der Hand

27 *Ich bin da, mein Gott*

(nach der Melodie: „Kumbaja")

Ich bin da, mein Gott, da vor Dir (3mal)
Mein Gott, ich bin da
Ich bin da, mein Gott, für Dein Wort (3mal)
Mein Gott, ich bin da
Ich bin da, mein Gott, wenn Du rufst (3mal)
Mein Gott, ich bin da
Ich bin da, mein Gott, für Dein Reich (3mal)
Mein Gott, ich bin da
Ich bin da, mein Gott, Menschen schrein (3mal)
Mein Gott, ich bin da
Ich bin da, mein Gott, als Dein Brot (3mal)
Mein Gott, ich bin da
Ich bin da, mein Gott, Deine Hand (3mal)
Mein Gott, ich bin da
Ich bin da, mein Gott, als Dein Mund (3mal)
Mein Gott, ich bin da
Ich bin da, mein Gott, als Dein Herz (3mal)
Mein Gott, ich bin da
Ich bin da, mein Gott, da vor Dir (3mal)
Mein Gott, ich bin da

28 *Ein großes Ja zur Welt**

Ja
noch ein Ja
ein großes Ja zur Welt

Ja
noch ein Ja
ein liebes Ja zum Menschen

Ja
noch ein Ja
ein geduldiges Ja zu mir

Ja
zum Schmerz
zur Vergangenheit, zu meinem Erbe
zum Kreuz
zu dem, was ich nicht ändern kann,
ein schmerzliches Ja

Ja
zur Freude
zum Sprießen
zu allem, was lebt
ein leidenschaftliches Ja

Erwachsenenalter

29

Je-sus Chri-stus Je-sus Chri-stus Je-sus Chri-stus
Dei-nen Frie-den will ich, mein Gott Dei-nen
Frie-den
Brot für die Welt laß uns finden Brot für al-le

(Dieses Gebet ist ein sog. „Kehrvers", d.h. ein Satz, den man immer und immer wieder singen kann, entweder im Gottesdienst oder dann im privaten Meditieren)

30 *Was kann ich tun?*

Was kann ich tun
bei so vicl Beton
für mein Land?
Herr, erbarme Dich

Was kann ich tun
bei so viel Härte
für die Welt?
Herr, erbarme dich

Was kann ich tun
        bei so viel Eis
für die Seele?
        Herr, erbarme Dich

Was kann ich tun
        bei so viel Stein
für die Erde?
        Herr, erbarme Dich

31 *Öffne meinen Geist*

(nach der Melodie: „Herr, bleibe bei uns"; als Kehrvers allein oder als Kanon in der Gruppe)

Gott, öffne meinen Geist
        damit ich gütig werde
        und mit Dir den Frieden bringe

32 *Verbinde, Gott, die Welten meines Lebens*

(nach der Melodie: „Wer leben will wie Gott auf dieser Erde")

Verbinde, Gott, die Welten meines Lebens
Verbinde, Gott, die Welten meines Lebens
Das Haus mit meinen Lieben
        und alle Pflichten draußen
        Mein Haus und alles draußen

33 *Meine Hände dürfen ruhn*

(nach der Melodie: „Unser Leben sei ein Fest")

Meine Hände dürfen ruhn
Hier vor Dir, dem Puls unsres Lebens
Hier vor Dir, dem Herz der Geschichte
Hier vor Dir, dem Quell aller Liebe
Meine Hände dürfen ruhn
in meinem Schoße und auch bei Dir

34 *Klein bin ich und unscheinbar*

Klein bin ich und unscheinbar
im Vergleich mit den Mächten und Gewalten
Aber auch ein Atom ist klein
vieltausendmal kleiner als ich
Und wenn man es spaltet
oder mit andern Atomen verbindet
entfesselt es eine Kraft
die niemand bändigen kann

Gott
Dring mit Deinem Wort durch meine Mitte
Verbinde mich mit anderen Menschen
Entfeßle in mir die Kraft der Liebe
die die Welt verändert

35 *Welche Hoffnung kann ich noch haben?*

Welche Hoffnung hat die Maus in der Falle?
Welche Hoffnung kann ich noch haben
in dieser Welt?
Herr, erbarme Dich

Welche Hoffnung hat das Schaf in der
Schlachthalle?
Welche Hoffnung kann ich noch haben
in dieser Gesellschaft?
Herr, erbarme Dich

Welche Hoffnung hatte Jesus Christus am Kreuz?
Welche Hoffnung kann ich noch haben
in diesem Leben?
Herr, erbarme Dich

Alter

36 *Mitten im Leben*

Mitten im Leben
der unausweichliche Tod
Mitten in der Kraft
das sichere Ende
Mitten in der Freude
die unerbittliche Grenze
Mitten in der Arbeit
die drängende Zeit

Gott
laß mich der Wahrheit meines Lebens begegnen

37 *Alt und weise laß mich werden*

Alt und weise
wie der Baum im Garten mit den vielen
Früchten
So laß mich werden, Du Gott meines Lebens

Alt und gut
wie der köstliche Wein auf dem festlichen
Tisch
So laß mich werden, Du Gott meines Lebens

Alt und sanft
    wie die Abendsonne im Herbst
So laß mich werden, Du Gott meines Lebens

38 *Ich möchte der Tiefe meines Lebens begegnen*

Gott

Ich möchte der Tiefe meines Lebens begegnen
    mehr schauen und hören
        und weniger leisten
    mehr fragen und erspüren
        und weniger wissen
    mehr sein und leben
        und weniger haben und festhalten

39 *Daß ich nach vorn blicke*

Bisher habe ich nach vorn geschaut
    auf das, was kommt
Jetzt blicke ich immer mehr zurück
    auf das, was war

Gott
Laß mich nicht erstarren im Blick zurück
Hilf mir
    daß ich weiter nach vorn schaue
    auf das, was kommt: auf Dich und Dein Reich

40 *Deine Liebe soll durch mich fließen*

(nach der Melodie: „Herr, bleibe bei uns")

Gott, Deine Liebe soll
mich ganz erfüllen können
und mein Herz soll stets sich öffnen

41 *Zeit für die Sinne*

Besinnliche Zeit
Zeit für meine Sinne
  Zeit für meine Augen und Ohren
  Zeit für meine Nase und meinen Gaumen
  Zeit für meine Hände und meine Füße
  Zeit für mein Herz und meine Seele
  Zeit für meinen Leib
Wie schön ist es, Zeit zu haben
  Zeit für meine Sinne!

42 *Wo ich noch nötig bin*

Wo ich noch nötig bin
  laß mich erkennen, guter Gott
Wo man auf mich wartet
  laß mich erspüren, guter Gott
Was ich noch tun kann
  laß mich erkennen, guter Gott

Greisenalter

43 *Gesegnet sei jeder Tag*

Gesegnet sei jeder Tag
der mir bleibt
und jeder Sonnenstrahl
der mir scheint

Gesegnet sei jeder Mensch
der mir begegnet
und jedes Kind
das mir lächelt

Gesegnet sei jedes Wort
das mich erreicht
und jede Hand
die mich berührt

44 *Ich bitte um Gnade*

Gott
Ich halte Dir hin
meine zittrigen Hände
Ich biete Dir an
mein runzliges Gesicht
Ich gebe Dir
mein schwaches Herz

und bitte um Gnade

45 *Rette die Welt*

Mir schmerzen die Augen
von dem, was ich sehe
Meine Ohren tun weh
von dem, was ich höre
Mein Herz blutet
von dem, was ich leide
Mein Mund verstummt
vor dem, was geschieht

Gott
Rette die Welt
und ich bin erlöst

46 *In der Einsamkeit vor Dir*

Gott

Wo sind sie geblieben
die mit mir das Leben teilten?
Ja, wo sind sie geblieben?
Und wo bleibe ich
– einsam und vor Dir?

47 *Ich kann mich nicht mehr konzentrieren*

Gott

ich kann mich nicht mehr konzentrieren
Aber ich glaube
daß Du da bist
auch für mich!
Ich vertraue mich Dir an!

48 *Schenke Kraft und Leben*

(Greise Menschen können oft nicht mehr selber beten. Sie sind angewiesen auf das Gebet anderer. Oft kann man noch traditionelle Gebete wie das Vaterunser gemeinsam mit ihnen beten. Vielleicht kann man auch nachstehendes Gebet singen nach der Melodie: „Heilig ist Gott in Herrlichkeit". Und warum nicht dabei dem greisen Menschen die Hand geben?)

Gütig ist Gott in aller Not
Er sei für alle Schwachen Brot
Wir bitten: Schenke Kraft und Leben
Allen, die glaubend Dir vertraun
Auch diesem Menschen hier für alle Zeit
    diesem Bruder
    dieser Schwester
    unsrem Vater
    unsrer Mutter*

* Man wird sicher einen entsprechenden Ausdruck finden, der dem greisen Menschen am ehesten entspricht

49 *Sei bei ihm*

(Bei Bewußtlosigkeit oder apathischem Verhalten, in Situationen, in denen kein eigenes Gebet mehr möglich scheint, könnte man zur Melodie „Kumbaja" folgendes Lied singen. Wichtig ist dabei auch die Körpernähe: das Streicheln der Stirn, das Fassen der Hand usw.)

Dieser Mensch, mein Gott, ist uns lieb (3mal)
    O Gott, sei bei ihm
Laß ihn Du, mein Gott, Liebe spürn (3mal)
    O Gott, sei ihm nah

Weitere Gebete s. unter Krankensalbung

V.
Die sieben Kräfte

Ströme
von Kraft und Leben
von Dir
in uns

Deine Ströme
von Kraft und Leben
aus uns
in Deine Welt

Glaube

1 *Binde mich*

Binde mich
an Dich, mein Gott
ja, binde mich an Dich
und laß mich nicht fallen

Binde mich
an Deine Liebe, mein Gott
ja, binde mich an Deine Liebe
und laß mich nicht versinken

Binde mich
an Dein Wort, mein Gott
ja, binde mich an Dein Wort
und laß mich nicht verstummen

Binde mich
an Deinen Leib, mein Gott
ja, binde mich an Deinen Leib
und laß mich nicht fliehen

2 *Ich möchte glauben können*

Ich möchte glauben können
Doch was spricht für Dich?
Was spricht für Dich
jetzt in der Dürre?
Was spricht für Dich
jetzt im Hunger?

Was spricht für Dich
    jetzt im Tod?
Was spricht für Dich
    wo alles gegen Dich spricht?

3 *Sonne meines Lebens*

Du

Sonne meines Lebens
Ich streck mich Dir entgegen
Ich will hineintauchen in Dich
    und baden in Dir
Laß mich umhüllt sein von Licht und Wärme
    ergriffen von Deinen Strahlen
    durchdrungen von Deinem Feuer

4 *Vernünftig will ich sein*

Vernünftig will ich sein
    und kritisch
    und in allem glauben
daß Du mich trägst

Erkennen will ich
    und sehen
    und in allem glauben
daß Du alles trägst

Handeln will ich
    und vorwärtsdrängen
    und in allem glauben
daß Du mich lenkst

Empfangen will ich
und mich führen lassen
und in allem glauben
daß Du alles lenkst

5 *Mich loslassen*

Mich loslassen
und in Dein Herz fallen
Vertrauen
und mein Leben auf Dich setzen
Auf Jesus schauen
und mich nach ihm richten
Ins Dunkle gehen
und mit Dir rechnen
Das will ich
mein Gott und alles

6 *Wir glauben*

(nach der Melodie: „Nun danket all und bringet Ehr")

Wir glauben, Gott, daß Du es bist
der alle Menschen liebt
Auch wenn wir Mühe haben heut
so setzen wir auf Dich

Du bist bei uns durch Jesus Christ
der unser Leben teilt
Leiden und Angst der ganzen Welt
sind an Dein Herz gedrückt

Der Heilge Geist ist überall
in uns und in der Welt
In allem, was zum Frieden drängt
ist Er es, der uns treibt

7 *Grüne und knospe*

Du
Drängendes Leben
Durchdringe den Schnee
Zerschlage das Eis
Verdränge die Kälte

Du
Drängendes Leben
Grüne und knospe
Keime und blühe
Sprieße und sprosse

Du
Drängendes Leben
Zwitschere und pfeife
Hüpfe und springe
Singe und tanze

Gott
Du drängendes Leben
Laß mich aufwachen
zu einem neuen Frühling
mit Dir

↗II. 28, 30, 47; III. 22; V. 32; VII. 14

Hoffnung

8 *Die Flügel lahm*

Die Flügel lahm
und die Arme schlaff am Körper
Die Freude fort
und die Lust schon längst verflogen

So fühl ich mich
So bin ich heute

Gott
Laß mich fliegen vor Lust
und die Arme in den Himmel werfen vor Freude

9 *Gib mir die Hoffnung der kleinen Glut*

Gott

Gib mir die Hoffnung der kleinen Glut
Blas hinein
– und ein großes Feuer brennt!

Gib mir die Hoffnung des kahlen Baumes im Herbst
Bleib verborgen da
– und der Baum blüht!

Gib mir die Hoffnung des unscheinbaren
Weizenkorns
Senk es in den Boden
  – und das Brot steht auf dem Tisch!

10 *Laß mich Salz sein*

Gott

Laß mich Salz sein
  damit die Erde erstarkt in neuer Hoffnung
Laß mich Licht sein
  damit die ganze Stadt leuchtet in neuer
  Hoffnung
Laß mich Brot sein
  damit die Menschen sich nähren von neuer
  Hoffnung
Laß mich mein Herz öffnen
  damit die Welt aufatmet in neuer Hoffnung

11 *Ich will nicht resignieren*

Gott

Ich will nicht resignieren
Ich will mit Deiner Kraft einstehen
für eine andere Welt

Statt Bomben soll es Brot regnen vom Himmel
Statt Nebel soll sich das Leben ausbreiten
Statt Bunker sollen Häuser voll Licht entstehen
Wenn Du mit mir gehst
  ist alles möglich

12 *Wie lange noch?*

Jetzt wohnen wir in Zelten
doch morgen in Deinem Haus
Aber wie lange noch müssen wir
heimatlos ziehen von Ort zu Ort?

Jetzt singen wir von Trauer und Leid
doch morgen Dein großes Alleluja
Aber wie lange noch müssen wir
weinen und klagen?

Jetzt sehen wir nur uns selbst
doch morgen Dein Gesicht
Aber wie lange noch müssen wir
irre werden an uns selbst?

13 *Wenn wir Frieden machten*

(nach der Melodie: „Kumbaja")

Wenn wir Frieden machten, Du und ich (3mal)
Die Welt würd bestehn
Wenn wir Blumen schenkten, Du und ich (3mal)
Die Welt würd bestehn
Wenn wir kämpfen würden, Du und ich (3mal)
Die Welt würd bestehn
Wenn wir Häuser bauten, Du und ich (3mal)
Die Welt würd bestehn
Wenn wir Kreise schlössen, Du und ich (3mal)
Die Welt würd bestehn
Wenn wir zärtlich wären, Du und ich (3mal)
Die Welt würd bestehn
Wenn wir Gott gehörten, Du und ich (3mal)
Die Welt würd bestehn

Steine werden Brot
        wenn Du es befiehlst, mein Gott
Tote werden lebendig
        wenn Du sie rufst, mein Gott
Arme werden reich
        wenn Du kommst, mein Gott

Befiehl!
Ruf!
Komm!

↗II. 1–7, 10; IV. 35

Liebe

15 *Ich hasse*

Gott

Entsetzt stelle ich fest:
Ich hasse
und wie!
Ich will Tod bringen statt Leben

Banne in mir
die zerstörerische Gewalt
Reiß sie aus
mitsamt den Wurzeln
damit Raum wird für die Liebe

16 *Nach einer Auseinandersetzung*

Aufgepeitscht und aufgewühlt
bin ich
wie das Meer nach heftigem Sturm

So wende ich mich Dir zu
Gott meines Lebens

Besänftige den Sturm in mir
Laß über mir die Sonne leuchten, die alles versöhnt
Nimm die bitteren Gefühle weg
    die mich nicht loslassen wollen
Lös die Knoten meiner Seele
    die den Fluß des Lebens hindern
Gib mir Kraft
    die Feinde von gestern
        als Freunde von heute zu sehen
Schenk mir den inneren Frieden
    und laß mich frei und ruhig sein

17 *Mein Herz fließt über*

Gott

Mein Herz fließt über
    Zärtlich schaue ich auf Wiesen und Felder
        auf Berge und Täler
        auf alles, was lebt

Wie danke ich Dir
    daß ich Deine Liebe in mir spüre
        die Liebe, die mich zu lieben drängt

Wie glücklich bin ich
    daß ich Deine Kraft in mir habe
        die Kraft, die alles verändert

Wie munteres Vogelzwitschern am Morgen
ist Deine Liebe, Gott
Wie Kirchenglocken am Sonntag
ist Deine Liebe, Gott
Wie gelöstes Singen bei einem Glas Wein
ist Deine Liebe, Gott
Wie frisches Wasser an einem heißen Tag
ist Deine Liebe, Gott
Wie ein Brief in einsamer Stunde
ist Deine Liebe, Gott
Wie gutes Bauernbrot für den leeren Magen
ist Deine Liebe, Gott
Wie eine Rast am Rand des Waldes
ist Deine Liebe, Gott
Wie ein Spaziergang in den ersten Frühlingstagen
ist Deine Liebe, Gott
Wie eine zarte Hand nach schwerer Arbeit
ist Deine Liebe, Gott
Wie ein fesselnder Roman am Wochenende
ist Deine Liebe, Gott
Wie Musik von Mozart
ist Deine Liebe, Gott
Wie eine Alpenwiese an einem späten
Sommernachmittag
ist Deine Liebe, Gott

19 *Haß und Terror*

Die Welt ist voll Haß und Terror
        voll Krieg und Gewalt
Wir bitten Dich
Herr über Leben und Tod
Ergreif Partei für das Leben
Schmilz den Haß weg mit Deiner Liebe
Vertreib die Gewalt
Mach die Welt zu einem Haus
        in dem Friede und Liebe wohnen

20 *Liebe zur Wahrheit und Wahrheit der Liebe*

Gott

Die Liebe zur Wahrheit
        soll wachsen in mir
            Denn du bist die Wahrheit
Doch reiß aus mir
        alle Unduldsamkeit
        allen Fanatismus
        alle Intoleranz
        alle Rechthaberei

Die Wahrheit der Liebe
        soll wachsen in mir
            nach unten, damit sie fest verankert bleibt
            in die Breite, damit sie alles umfaßt
            nach oben, damit sie den Himmel berührt

Liebe
ungeliebte
Sei geliebt in mir

Liebe
feurige
Brenne in mir

Liebe
gesuchte
Laß Dich finden in mir

Liebe
zärtliche
Wirke in mir

↗I. 3; III. 3,15, 36–43; IV. 25, 34, 40, 49; V. 43, 67; VI. 29; VII. 38, 42.

Gerechtigkeit

22 *Du bist nicht, wo Unrecht geschieht*

Du bist nicht
Gott
wo Unrecht geschieht
Es sei denn auf der Seite der Benachteiligten

Du bist nicht
Gott
wo man auf Kosten anderer lebt
Es sei denn auf der Seite der Armen

Du bist nicht
Gott
wo man die Güter des Lebens anhäuft
Es sei denn auf der Seite der
Ausgeschlossenen

Darum will ich Dich suchen
in der Gerechtigkeit
und bei den Benachteiligten, Armen,
Ausgeschlossenen

23 *Die sich Christen nennen, aber Unrecht tun*

Die sich Christen nennen
aber Unrecht tun
sind es nicht
Sie verhöhnen Deinen Heiligen Namen
Herr, erbarme Dich

Die zur Kirche gehen
        aber Menschen treten
glauben nicht
        Sie beleidigen Deine Heilige Kirche
            Christus, erbarme Dich
Die Dich verehren
        aber Menschen verachten
verehren Dich nicht
        Sie verachten Dein Heiliges Bild
            Herr, erbarme Dich

24 *Partei ergreifen*

Gott

Laß mich gerecht sein
        wie Josef
und die Partei ergreifen für Frau und Kind
Laß mich gerecht sein
        wie Martin Luther King
und die Partei ergreifen für alle an den Rand Gedrängten

Laß mich gerecht sein
        wie Jesus
und die Partei ergreifen für alle Toten

Laß mich gerecht sein
        wie Du
und alle mit Liebe umfangen

25 *Sonne der Gerechtigkeit*

(nach der Melodie: „Sonne der Gerechtigkeit")

Sonne der Gerechtigkeit
Gehe auf in unsrer Zeit
Niemand soll ein Opfer sein
von Gewalt und Willkürmacht
Erbarm Dich, Herr

Nimm uns die Bequemlichkeit
Die uns hindert gut zu sein
Und zu leben ganz gerecht
Wie es Deine Liebe will
Erbarm Dich, Herr

Mit der großen, weiten Welt
Laß uns teilen, was es gibt
und den Tisch bereiten jetzt
für ein großes, schönes Fest
Erbarm Dich, Herr

26 *Gerecht sein will ich*

Gerecht sein will ich
im Denken
Gerecht im Urteil
Hier und jetzt
Gerecht sein will ich
im Handeln
Gerecht in allem
Hier und jetzt

Gott sei Du mit mir
mit Deiner Gerechtigkeit

27 *Laß mich nicht mutlos werden*

Ungerecht ist
was man von mir sagt
Ungerecht ist
wie man mich behandelt
Gott
Laß mich nicht mutlos werden
und erfahren
daß Du auf meiner Seite stehst

28 *Jedem sein Brot!*

Was jeder braucht zum Leben
soll jeder haben
Laß mich dafür sorgen, gerechter Gott
Jedem sein Brot!
Laß mich dafür sorgen, gerechter Gott
Jedem sein Wein!
Laß mich dafür sorgen, gerechter Gott
Jedem sein Licht!
Laß mich dafür sorgen, gerechter Gott
Jedem sein Land!
Laß mich dafür sorgen, gerechter Gott
Jedem seine Arbeit!
Laß mich dafür sorgen, gerechter Gott
Jedem sein Platz an der Sonne!
Laß mich dafür sorgen, gerechter Gott
Was jeder braucht zum Leben
soll jeder haben
Laß mich dafür sorgen, gerechter Gott

Klugheit

29 *Gib mir einen kritischen Geist*

Sachbezogen will ich handeln
Gott
Gib mir einen kritischen Geist
Damit ich die Sache sehe

Zum Wohl der Menschen will ich handeln
Gott
Gib mir einen kritischen Geist
Damit ich das Wohl suche

Dem Menschen will ich helfen
Gott
Gib mir einen kritischen Geist
Damit ich helfen kann

Dem Frieden will ich dienen
Gott
Gib mir einen kritischen Geist
Damit ich den Frieden erkenne

Konkret will ich bleiben
Gott
Gib mir einen kritischen Geist
Damit ich auf dem Boden bleibe

30 *Was soll ich tun?*

Was soll ich tun?
Ist es klug zu schweigen?
Oder feige?
Ist es klug, nichts zu tun?
Oder träge?
Ist es klug zu handeln?
Oder übereilt?
Ist es klug zu reden?
Oder überheblich?
Was soll ich tun, Heiliger Geist?

31 *Erleuchte mich*

Der Du Rat weißt
Erleuchte mich
jetzt, wo ich entscheiden soll

Der Du die Wege kennst
Zeig sie mir
jetzt, wo ich suche

Der Du mich liebst
Sei bei mir
jetzt, wo ich nichts falsch machen darf

32 *Den letzten Grund finden*

Nach den Gründen fragen
und nicht wissen warum
Einen Grund suchen
und keinen unter den Füßen haben

und doch glauben
grundlos
und in letzter Verzweiflung

und den letzten Grund finden
in Dir – Gott
und in Deiner Verheißung

33 *Gott, hilf mir*

Entscheiden
Wenn ich es nur könnte
hier und jetzt
Gott, hilf mir

Entscheiden
Wenn ich es nur nicht aufschöbe
auf morgen und immer wieder
Gott, hilf mir

Entscheiden
Wenn ich doch die Kraft dazu hätte
hier und jetzt
Gott, hilf mir

34 *Von der Klugheit, die nichts wagt*

Von der Klugheit
die nichts wagt
befreie uns, mein Gott

Von der Gelehrtheit
die nur redet
befreie uns, mein Gott

Von der Wissenschaft
die nur sich selbst sucht
befreie uns, mein Gott

35 *Laß mich klug sein*

Laß mich klug sein, Gott
klug im Denken und im Reden
Laß mich klug sein, Gott
klug im Handeln und in meinem ganzen
Wesen
Laß mich klug sein, Gott

Stärke

36 *Stärke meinen Glauben*

Wie Jakob will ich
mit Dir kämpfen
und mit Dir hadern wie Hiob

Wie Moses will ich
aufstehen gegen Mächtige
und Dir Lieder singen wie David

Wie Abraham will ich
alles verlassen
und Dich finden wie Maria

Stärke meinen Glauben

37 *Ich bin schwach*

Stark sollte ich sein
Doch ich bin schwach
Erbarm Dich meiner, Herr

Antworten sollte ich haben
Doch ich weiß nichts
Erbarm Dich meiner, Herr

Anfangen sollte ich
Doch mir fehlt die Kraft
Erbarm Dich meiner, Herr

38 *Sei Du bei mir*

Wenn die Knie zittern
und die Stimme versagt
Sei Du bei mir

Wenn mir schwindlig wird
und ich das Gleichgewicht verliere
Sei Du bei mir

Wenn die Erde bebt
und der Himmel wankt
Sei Du bei mir

Wenn die Kräfte schwinden
und niemand hilft
Sei Du bei mir

39 *Schwach sein wie Jesus*

Immer nur stark soll ich sein
warum einmal nicht schwach?

Bist nicht selbst Du schwach geworden?
So laß mich schwach sein
wie Jesus, Dein Sohn

40 *Nimm uns diese schreckliche Angst*

Angst und Angst
und nochmals Angst
seh ich in den Augen
Nimm uns diese schreckliche Angst
mein Gott

Gefangen, verstrickt
und gebunden
seh ich die Menschen
Nimm uns diese schreckliche Angst
mein Gott

Ich habe Angst wie alle
und bin gebunden wie sie
Nimm uns diese schreckliche Angst
mein Gott

41 *Wenn Du mit mir gehst*

Wenn Du mit mir gehst
Herz der Welt
dann kann ich bleiben
und leiden

Wenn Du bei mir bleibst
Göttliche Kraft
dann kann ich leiden
und sterben

Wenn Du in mir bist
Starkes Leben
dann kann ich sterben
und auferstehn

Ein Ziel gib mir
    mein Gott
    für das zu kämpfen sich lohnt

Einen Sinn gib mir
    mein Gott
    für den zu leben sich lohnt

Eine Verheißung gib mir
    mein Gott
    für die zu sterben sich lohnt

Maß

43 *Sei Du das Maß*

Unermeßliche Liebe
Sei Du das Maß
in meinem Herzen

Unermeßliche Güte
Sei Du das Maß
in meinen Händen

Unermeßliches Verzeihen
Sei Du das Maß
in meinem Munde

Unermeßliches Leben
Sei Du das Maß
in meinen Gliedern

44 *Angemessen will ich reagieren*

Angemessen
will ich reagieren
auf alles, was mich stört
und meinen Zorn in Grenzen halten
Nimm mich an der Hand, mein Gott

Maßvoll
will ich sein
in allem, was mich treibt
und meinen Trieb in Bahnen lenken
Nimm mich an der Hand, mein Gott

Mäßig
will ich sein
in allem, was ich brauche
und meine Kraft erhalten
Nimm mich an der Hand, mein Gott

45 *Entsetzt bin ich*

Entsetzt bin ich
vor dem, was geschehen ist
und noch viel mehr entsetzt
daß alles noch einmal kommen kann

Verschone uns, mein Gott

Kalt und heiß wird mir
wenn ich von Millionen Opfern höre
und noch viel mehr
daß es morgen Milliarden sein können

Verschone uns, mein Gott

46 *Durst allein*

Durst allein
vermag das Wasser zu schätzen
und Einsamkeit
das Wort

Hunger allein
vermag das Brot zu kosten
und Stille
den Ton

Wüste allein
vermag den Geist zu öffnen
und Deine Stimme
mein Herz

Mein Gott!

47 *Mit Liebe und Zartgefühl*

Den Kern der Dinge
mit Liebe umhüllen
und mit Zartgefühl
die Schale

Umhülle mich, mein Gott

Das Herz der Dinge
keusch berühren
und sanft
den Leib

Berühre mich, mein Gott

Die Wurzel der Dinge
mit Ehrfurcht umgeben
und mit Liedern
die Krone

Umgib mich, mein Gott

48 *Alle Maßlosigkeit heile*

Alle Maßlosigkeit
mein Gott
heile
Alle Süchtigen
erlöse
Alle Abhängigen
befreie
Alle Gewalttätigen
besänftige
Alle Rasenden
mäßige
Und alle
erfülle
mit Sinn und Leben

49 *Tanzen nach Deinem Rhythmus*

Überborden will ich
von Leben
Überfließen
von Freude
und tanzen nach Deinem Rhythmus

In allen Tönen will ich
singen
In allen Farben
malen
und jauchzen in Deinem Chor

Dein Wort will ich
hören
Deine Feste
feiern
und springen in Dein Land

VI.
Die sieben Werke

Du
leidest Not
und
wendest Not
mein Gott

Hungrige speisen

1 *Einen Tag hungern*

Einen Tag hungern
vielleicht auch zwei
und spüren
was Hunger ist für so viele

Einen Tag hungern
vielleicht auch zwei
und mich einfügen
in die Gemeinschaft der Menschen

Einen Tag hungern
vielleicht auch zwei
und mich eins wissen
mit Jesus, Deinem Sohn

2 *Mein Herz will ich öffnen*

Aufgedunsene Bäuche
Ausgedorrte Gesichter
und Dein Kreuz

Meine Augen
will ich nicht verschließen
– Dich entdecken

Mein Herz
    will ich öffnen
und meine Hand

3 *Aus menschlichem Versagen*

Was fruchtbar war
    wird Wüste
aus menschlichem Versagen
Herr, erbarme Dich

Wer leben könnte
    muß sterben
aus menschlichem Versagen
Christus, erbarme Dich

Wer genug zu essen hätte
    muß hungern
aus menschlichem Versagen
Herr, erbarme Dich

4 *Eine Wissenschaft für das Brot*

Eine neue Wissenschaft
    laß uns erfinden
    Du
    der Du das Leben willst
Eine Wissenschaft für das Brot

Eine neue Technik
    laß uns erfinden
    Du
    der Du das Leben schaffst
Eine Technik für das Brot

Eine neue Politik
laß uns erfinden
Du
der Du das Leben zeugst
Eine Politik für das Brot

Eine neue Wirtschaftsordnung
laß uns erfinden
Du
der Du das Leben trägst
Eine Wirtschaftsordnung für das Brot

5 *Du bist auf der Seite der Hungrigen*

Mein Gott
Du bist auf der Seite derer
die hungern
und schreist mit ihnen
nach Brot

Wo denn könnte ich sein
wenn nicht auf ihrer Seite
und bei Dir?

6 *Öffne meine Hand*

Öffne meine Hand
mein Gott
– und jemand wird satt

Öffne mein Herz
mein Gott
– und jemand wird geliebt

Öffne mein Ohr
mein Gott
– und jemand wird gehört

Öffne meinen Mund
mein Gott
– und jemand wird froh

7 *Trag diesen Schrei in jedes Herz*

Der Schrei der Hungernden
auf meinen Lippen
damit sich etwas ändert
hier bei uns

Gott
Trag diesen Schrei in jedes Herz

Den Schrei nach Brot
zur Geltung bringen
damit sich etwas verändert
unter uns

Gott
Trag diesen Schrei in jeden Winkel

Der Schrei der Armen
in meinem Mund
damit unser Volk sich ändert
für die Hungernden

Gott
Trag diesen Schrei an die höchsten Stellen

Durstige tränken

8 *Öffne die Schleusen unserer Phantasie*

Ausgetrocknete Erde
kein Gras, kein Baum
nur Sand

Gott
Deine Erde schreit nach Wasser
Öffne die Schleusen unserer Phantasie
damit das Wasser wieder fließt
über die ganze Erde

9 *Laß mich nicht ohne Wasser sein*

Gott
Laß mich nicht ohne Wasser sein
wenn jemand kommt
und Durst hat nach Wasser

Laß mich nicht ohne Wort sein
wenn jemand kommt
und Durst hat nach Worten

Laß mich nicht ohne Liebe sein
wenn jemand kommt
und Durst hat nach Liebe

10 Durst nach Gerechtigkeit

Durst nach Gerechtigkeit
überall in der Welt
schrecklicher Durst
Herr, erbarme Dich

Durst nach Frieden
überall in der Welt
großer Durst
Christus, erbarme Dich

Durst nach Geborgenheit
überall in der Welt
unlöschbarer Durst
Herr, erbarme Dich

11 Das Wasser verschmutzt

Das Wasser verschmutzt
Wer wird es noch trinken
mein Gott
wenn ich nicht Sorge trage
zusammen mit den vielen?
Ich will Sorge tragen für das
was Du uns anvertraut hast

Saurer Regen vom Himmel
Wer wird den Tod der Bäume hindern
mein Gott
wenn ich nicht anders lebe
zusammen mit den andern?
Ich will so leben
wie Du es von uns erwartest

12 *Wasser, nicht Essig*

Wasser, nicht Essig
laß mich geben
mein Gott
allen, die Durst haben

Segen, nicht Fluch
laß mich bringen
mein Gott
allen, die nichts haben

Lachen, nicht Tränen
laß mich hervorrufen
mein Gott
bei allen, die mich suchen

13 *Durst nach Dir*

Durst nach Dir
mein Gott
haben viele

Laß mich Deine Schale sein
in der Du reines Wasser bist
Und laß alle trinken

14 *Den Durst erspüren*

Den Durst erspüren
und stillen
so weit ich kann
Diese Gabe
laß mich haben
Großer Gott

Obdachlose beherbergen

15 *Laß mich verbunden sein*

Allen, die keine Heimat haben
und an der Straße liegen
laß mich verbunden sein
in Deiner Liebe

Allen, die fliehen müssen
und am Rande stehen
laß mich verbunden sein
in Deiner Liebe

Allen, die vertrieben werden
und in Baracken wohnen
laß mich verbunden sein
in Deiner Liebe

16 *Trotz Gestank und Alkohol*

Trotz Gestank und Alkohol
will ich Dein Bild erkennen
unlöschbar eingemeißelt
im Gesicht dieses Menschen
und Dich anbeten

Trotz Schmutz und Dreck
will ich Deine Hand sehen
demütig ausgestreckt
in der Gebärde dieses Menschen
und sie ergreifen

Trotz Blut und Eiter
will ich Dein Kreuz betrachten
unübersehbar gegenwärtig
in der Gestalt dieses Menschen
und mich beugen

17 *Gib mir ein Wort, das Freude schafft*

Gott
Rühr mich an
durch jeden Penner
der an der Straße liegt
durch jeden Obdachlosen
der an meine Türe klopft
durch jeden
der kein Haus hat

Gib mir
ein Wort, das Freude schafft
und eine Geste, die verbindet

18 *Die Armut hinter der Armut*

Die Armut hinter der Armut
laß mich sehen
Gott
Den Mangel an Sinn
Das Zerbrechen der Hoffnung
Die zerstörten Beziehungen
und die vielen Enttäuschungen

Das Herz hinter der Hilfe
laß mich zeigen
Gott
Echte Aufmerksamkeit
Aufrichtige Liebe
Persönliche Zuwendung

19 *Damit Platz entsteht in unserem Land*

Gott
Ein Haus willst Du bauen
für Flüchtlinge
hier in unserem Land

Nimm mich als Deinen Mitarbeiter an
Brich den Widerstand
Lösch den Haß gegen die Fremden
Laß uns zusammenrücken
damit Platz entsteht
in unserem Land

20 *Millionen ohne Haus*

Millionen ohne Haus
Millionen von Kindern
Nur weil das Denken zu eng ist
Gott
Spreng doch die Enge des Denkens

Millionen auf der Straße
Millionen von Frauen
Nur weil das Herz zu klein ist
Gott
Weite doch die Kleinheit des Herzens

Millionen ohne Land
Millionen von Männern
Nur weil die Ichsucht so groß ist
Gott
Reiß doch die Ichsucht aus unserer Mitte

21 *Vom Geist, der sich einschließt, befreie mich*

Vom Geist, der sich einschließt
im eigenen Haus
befreie mich
mein Gott
damit ich öffne mein Haus

Vom Geist, der sich abschließt
im privaten Besitz
befreie mich
mein Gott
damit ich teile mit dem andern

Nackte bekleiden

22 *Nackt und bloß wie Jesus am Kreuz*

Nackt sind sie
weil man ihnen alles genommen hat
um sie bloßzustellen

Nackt und bloß
wie Jesus am Kreuz
Deine Söhne und Deine Töchter

Gott
laß uns ihnen das Kleid zurückgeben
das ihnen gehört
und die Würde
die ihnen zusteht

23 *Die Nackten und die Toten*

Die Nackten und die Toten
– Sie gehören zu Dir
und zu uns
mein Gott

Rot werden sollen alle
die andern die Würde nehmen
und vor Deinem Gericht erscheinen
die andere töten

Wir aber wollen
im Mantel der Liebe bergen
die nackt sind
und in Deiner Macht
die Toten

24 *Mach uns keusch*

Allen, die schamlos gaffen
sei gnädig
und mach uns keusch
mein Gott

Alle, die mit ihren Blicken
die Kleider vom Leib reißen
verwandle
und mach uns keusch
mein Gott

Alle, die gierig sind
in ihren Händen
schaff neu
und mach uns keusch
mein Gott

25 *Gegen die Vermarktung des Nackten*

Gegen die Vermarktung des Nackten
und für die Würde der Frau
will ich reden und handeln
in Deiner Kraft
mein Gott

Gegen die Scheinheiligkeit
und für die Würde der Dirne
will ich reden und handeln
in Deiner Kraft
mein Gott

26 *Kleider machen Leute*

Kleider machen Leute
So laß mich Kleider schenken
Gott
– und die Beschenkten werden aufrecht gehn

Laß mich den Menschen achten
Gott
als Dein Ebenbild

27 *Gib den Ausgelieferten Schutz*

Gott
Durch mich und die Deinen
Gib
Den Ausgelieferten
Schutz
Den Nackten
Wärme
Den Ausgestoßenen
Geborgenheit

Erkennen, daß wir nackt sind
    und bedürftig
Angewiesen aufeinander
    und auf Dich

Mein Gott, wie ist das nötig
    damit wir eine Familie werden

Erkennen, daß wir nichts haben
    außer ein Herz
füreinander
    und für Dich

Mein Gott, wie ist es schön
    Deine Familie zu sein

Kranke pflegen

29 *Sei in meinen Händen*

Damit ich nicht weh tue
mit meinen Händen
brauch ich eine Liebe
die größer ist als ich
Sei in meinen Händen
Liebe, weltübersteigende

Damit ich nicht verletze
mit meinen Worten
brauch ich eine Zartheit
die größer ist als ich
Sei in meinen Worten
Zartheit, weltübersteigende

Damit ich nicht verwunde
durch Nichtstun
brauch ich eine Zuwendung
die größer ist als ich
Sei ganz in mir
Zuwendung, weltübersteigende

30 *Nicht nur die Wunde ist wichtig*

Sag es mir immer wieder
 großer Gott:
Nicht nur die Wunde ist wichtig
 die ich verbinde
  sondern der Mensch
  dem die Wunde gehört
Nicht nur die Krankheit ist wichtig
 die ich behandle
  sondern der Mensch
  der sie erleidet

Darum bitte ich Dich:
 Mach mein Auge klar
 mein Gesicht hell
 meinen Mund froh
 und meine Hände zart
  damit ich Mensch bin
  ganz und gar

31 *Jetzt will ich zu einem Kranken gehn*

Jetzt will ich zu einem Kranken gehn
 Und Dich bitten mitzukommen
  mein Gott
Mach mich frei und offen
 für den Kranken, der auf mich wartet
Laß es eine gute Begegnung werden
 Kraft und neues Leben für ihn und mich

32 Heil der Kranken

Die Schwachen stärke
Die Kranken heile
Du
Heil der Kranken
durch mich und viele andere

Die Verwundeten verbinde
Die Gebeugten richte auf
Du
Heil der Kranken
durch mich und viele andere

Den Leidenden lindere den Schmerz
Die Weinenden tröste
Du
Heil der Kranken
durch mich und viele andere

Den Sterbenden sei nahe
Die Toten mach lebendig
Du
Heil der Kranken
durch mich und viele andere

33 *Bis zuletzt ein Mensch*

Schwach und krank
doch bis zuletzt ein Mensch

Gott
Zeig uns
wie wir den Menschen
achten können bis zuletzt
bei allen Maschinen und Medikamenten
bei aller Organisation und Hygiene

34 *Dich finden in allen Behinderungen*

Behindert im Leib
doch nicht in der Seele
Behindert in der Seele
doch nicht im Geist
Behindert im Geist
doch nicht im Leben bei Dir

Gott
Laß mich alle Behinderungen
dieser Welt annehmen
und dich finden
in allen Behinderten

35 *Ein Auge gib mir*

Ein Auge gib mir
    lieber Gott
        damit ich erkenne
    wenn jemand leidet

Ein Ohr gib mir
    lieber Gott
        damit ich höre
    wenn jemand schreit

Eine Hand gib mir
    lieber Gott
        damit ich helfe
    wenn jemand mich braucht

Gefangene besuchen

36 *Erbarm Dich ihrer*

Sie haben andere erschlagen
und getötet
Erbarm Dich ihrer
Gott
und laß uns vergeben

Sie haben andere vergewaltigt
und gedemütigt
Erbarm Dich ihrer
Gott
und laß uns vergeben

Sie haben andere hintergangen
und verraten
Erbarm Dich ihrer
Gott
und laß uns vergeben

Sie haben die Grundlagen
unserer Gemeinschaft zerstört
Erbarm Dich ihrer
Gott
und laß uns vergeben

37 *Du vergibst und bist gnädig*

Gott
Du vergibst
    und bist gnädig

Sei Du in uns
    und in unserer Gesellschaft

Laß uns vergeben
    und Deine Gnade vermitteln

Hilf uns
    den Kontakt zu suchen mit denen
        die schuldig geworden sind

    sie wieder aufzunehmen
        wenn sie zurückkommen

    sie neu beginnen zu lassen
        damit sie leben in Dir

38 *Reiß die Rache aus unserer Mitte*

So groß wie das Meer
    ist die Schuld
und wie ein großer Berg

Doch nicht Richter
    sind wir
und nicht Deine Gerichtsvollzieher
    Gott

So reiß die Rache
    aus unserer Mitte
und die Gedanken der Vergeltung

39 *Die gefangen und gefoltert sind*

Die gefangen
und gefoltert sind
will ich aufnehmen in mein Herz
in mein Gebet
mein Gott

Die gefangen
und gefoltert sind
nimm auf in Dein Herz
in Deine Liebe
mein Gott

Die gefangen
und gefoltert sind
sollen Warnung sein
und ein Stachel im Fleisch unserer Welt
mein Gott

40 *Ich bete um Kraft*

Ich bete
um Kraft für alle
die gefangen sind
weil sie sich eingesetzt haben
für die gerechte Sache
Stärke sie, gerechter Gott

Ich bete
um Kraft für alle
die gefangen sind
weil sie an Dich geglaubt haben
und an Dein Reich
Stärke sie, treuer Gott

41 *Gebunden in ein Netz*

Frei sind wir
aber wie?

In Sünde verstrickt
und gefangen
Ausweglos bestimmt
und gebunden in ein Netz
von Atomen und Maschinen
von Raketen und Bomben
von Chemie und Beton

Herr, erbarme Dich unser

42 *Die gefangen sind, mach frei*

Gott
Du befreist von allem
was knechtet

Die gefangen sind
von Angst
mach frei
und laß mich dabei helfen
so viel ich kann

Die gefangen sind
von Drogen
mach frei
und laß mich dabei helfen
so viel ich kann

Die gefangen sind
von Strukturen
mach frei
und laß mich dabei helfen
so viel ich kann

Die gefangen sind
von Mächten und Gewalten
mach frei
und laß mich dabei helfen
so viel ich kann

Tote bestatten

43 *Ich glaube, daß NN geborgen ist in Dir*

Gott
Ich glaube
daß Du der Lebendige bist
und daß NN in Deinem Schoße ruht

Ich will NN Dir anvertrauen
will ihn/sie nicht festhalten
sondern loslassen

Ich vertraue darauf
daß er/sie bei Dir glücklich ist

Ich will ihn/sie
nicht fesseln an mein Leben
und nicht binden an diese Welt

Und ich will mich
nicht binden an ihn/sie

Mach mich frei
für ein lebendiges Leben
in österlicher Freude

Und gib NN
alles Licht und alles Leben

44 *In einem Meer von Tränen*

In einem Meer von Tränen
versinke ich
mein Gott

In einen Abgrund von Trauer
falle ich
mein Gott

Und ich hoffe
daß auf dem Boden des Meeres
das Leben ist
und in der Tiefe des Abgrundes
Du selbst
der alle Toten lebendig macht
mein Gott

45 *Nimm, Erde, den Staub*

Alles, was zerfällt, gehört
der Erde
Doch alles, was uns lieb ist
dem Himmel

Nimm
Erde
den Staub

Nimm
Himmel
NN

46 *Sein/ihr Licht leuchte uns*

Sein/ihr Licht
leuchte uns

Sein/ihr Bild
bleibe uns im Gedächtnis

Sein/ihr Wort
sei uns Halt

Sein/ihr Leben
sei uns Vorbild

Seine/ihre Gestalt
bleibe lebendig

47 *Ein Leib für Dich*

Ein Leib
ohne Seele
doch nur jetzt

Ein Leib
in Würde
auch jetzt

Ein Leib
für Dich
und Deine Verheißung

Gott
Der Du die Toten nicht ruhen läßt
bis sie leben

48 *Leiche an Leiche*

Leiche an Leiche
mein Gott
Warum?

Soviel Unglück und Not
mein Gott
Weshalb?

Tod an Tod
mein Gott
Wozu?

Und Du
mein Gott
Wo bist Du?

49 *Gib Frieden uns und allen Toten*

Lebendiger Gott

Gib Frieden
uns und allen Toten

Gib Ruhe
uns und allen Toten

Gib Leben
uns und allen Toten

Was Du den Toten gibst
gib uns
Was Du uns gibst
gib allen Toten

Damit wir eine Gemeinschaft sind
die Toten
seit Anfang der Welt
und wir
die jetzt leben

VII.
Die sieben Stufen

Durch
jedes und alles
sprichst Du

In
jedem und allem
bist Du

Über
jedes und alles hinaus
rufst Du

mich
und jeden und alle

.

.

Die Welt

1 *Alles kommt aus Deiner Hand*

Der Regen kommt aus den Wolken
Die Wolken kommen vom Meer
und das Meer?
Es kommt aus Deiner Hand
Allmächtiger Gott

Der Apfel wächst am Baum
Der Baum wächst aus der Erde
Und die Erde?
Sie wächst aus Deinem Herzen
Lieber Gott

Das Wasser fließt im Bach
Der Bach fließt aus der Quelle
Und die Quelle?
Sie fließt aus Deiner Seite
Lebendiger Gott

2 *Dich loben, großer Gott*

Die Weite des Himmels
weitet mein Herz
um Dich zu loben
Großer Gott

Die Größe des Alls
macht groß mein Denken
um Dich zu preisen
Großer Gott

Die Tiefe der Welt
macht tief meinen Geist
um Dich zu besingen
Großer Gott

3 *Wer kann zählen*

Wer kann zählen
die Tropfen des Meeres
und benennen
jeden Stern?

Du

Wer kennt mit Namen
alle Blumen
und ruft
jeden Stein?

Du

Wer sieht ins Herz
aller Menschen
und in den Kern
jedes Atom?

Du

4 *Ich staune*

Gott
Ich staune
und staune
an der Wiege des Kindes
und staune über das Leben
das Du ihm gegeben hast

Ich staune
und staune
beim Fallen des Schnees
und staune über die Vielfalt der Flocken
die Du geformt hast

Ich staune
und staune
über die Schönheit in allem
und staune über Dich
der Du alles gemacht hast

5 *Die Welt fließt über*

Die Welt fließt über
Gott
von Leben

Keine Schneeflocke gleicht der anderen
Warum –
Wenn nicht
um mir Freude zu machen?

Kein Fingerabdruck ist wie der andere
Warum –
Wenn nicht
um mich zu verwundern?

So viele Arten
so viele Formen
so viele Wesen
Warum –
wenn nicht
um mir Spaß am Leben zu machen?

6 *Weil Du in allem das Leben bist*

Es keimt und sproßt
und fließt und fällt
weil Du in allem
das Leben bist
Leben, das allen Tod überdauert

Es springt und tanzt
und jubelt und singt
weil Du in allem
das Leben bist
Leben, das allen Tod überdauert

Es kommt und geht
und wirkt und lebt
weil Du in allem
das Leben bist
Leben, das allen Tod überdauert

7 *Deine ordnende Hand*

Chaos und Tumult rufen
nach Deiner ordnenden Hand
Allmächtiger Gott

Krieg und Elend schreien
nach Deiner ordnenden Hand
Allmächtiger Gott

Sonne und Mond und alle Sterne zeigen
Deine ordnende Hand
Allmächtiger Gott

Und so sehnen wir uns
nach Deiner ordnenden Hand
Allmächtiger Gott

↗I. 23, 28; vgl. Register: Not der Welt

Die Sinne

8 *Mich satt sehen*

Mich satt sehen
an den Wiesen und Hügeln
Den Schleier wahrnehmen
den die Sonne sanft darüber ausbreitet
wie eine Mutter
Und mich erheben zu Dir
Großer Gott

Mit Lust schauen
auf einen Baum
Den Reiz wahrnehmen
der von ihm ausgeht
wie von zarter Hand
Und mich erheben zu Dir
Großer Gott

Mit Freude blicken
in das Gesicht eines lieben Menschen
Die Anmut bestaunen
die darüber ausgegossen ist
wie Morgentau
Und mich erheben zu Dir
Großer Gott

Mit Schrecken feststellen
das Elend der Menschen
Die Frage hören
die eingeschrieben ist in jede Not
wie die zehn Gebote in Stein
Und mich erheben zu Dir
Großer Gott

9 *Mein Herz fließt über von Dank*

Mein Herz fließt über
von Dank
Denn ich höre Musik
und weiß, daß ich sein darf

Mein Inneres strömt über
von Zufriedenheit
Denn ich höre die Vögel
und weiß, daß sie singen von Liebe

Mein Wesen läuft über
von Freude
Denn ich höre ein Wort
und weiß, daß ich gemeint bin

Mein Geist überbordet
von Widerstand
Denn ich höre den Schrei
und weiß, daß ich handeln muß

10 *Der Geruch von Brot und Wein*

Wie Weihrauch
der aufsteigt zu Dir
guter Gott
ist mir der Geruch von Brot und Wein
Ich bete Dich an

Wie Weihrauch
der aufsteigt zu Dir
guter Gott
ist mir der Geruch von Luft und Wasser
Ich bete Dich an

Wie Weihrauch
der aufsteigt zu Dir
guter Gott
ist mir der Geruch von Wind und Meer
Ich bete Dich an

Wie der Gestank der Hölle
unverständlicher Gott
ist mir der Geruch von Blut und Schweiß
Ich flehe Dich an

11 *Kosten will ich*

Kosten will ich
die Güte der Welt
Brot und Wein
und alles, was Deine Schöpfung bietet
guter Gott

Munden soll mir
der Geschmack der Welt
Stein und Wind
und alles, was mir begegnet
guter Gott

Schmecken will ich
die Kostbarkeit der Welt
Mann und Frau
und alle, die Deine Menschen sind
guter Gott

Ausspeien möchte ich
das Verderben der Welt
Haß und Krieg
und alles, was sie mit sich bringen
guter Gott

12 *Sanft ist ein Blatt am Baum*

Sanft ist ein Blatt am Baum
und sanft bist Du
mein Gott
Mach sanft
mich und die ganze Welt

Zart ist das Gras im Frühling
und zart bist Du
mein Gott
Mach zart
mich und die ganze Welt

Zärtlich ist die Hand der Mutter
und zärtlich bist Du
mein Gott
Mach zärtlich
mich und die ganze Welt

Mild ist die Sonne im Herbst
und mild bist Du
mein Gott
Mach mild
mich und die ganze Welt

13 *Den sechsten Sinn gib mir*

Mein Gott

Den sechsten Sinn
gib mir
daß ich erspüre, was gut ist
daß ich erkenne, was wahr ist
daß ich tue, was recht ist

14 *Gib mir den Sinn des Glaubens*

Gott
Laß mich nicht irgend etwas glauben
sondern Dich
Laß mich nicht hängen an irgend etwas
sondern an Dich
Laß mich nicht irgendwelche Sätze annehmen
sondern Dich

Unter den vielen Sätzen laß mich
Dein Wort erkennen
und unter den vielen Dogmen
Deine Liebe
Gib mir den Sinn des Glaubens,
damit ich mich nicht von Dir entferne

↗I. 1, 3, 14, 29, 43–49; II. 18; III. 2; IV. 11, 16, 46; V. 47; VI. 34, 35

Das Innere

15 *Alles bleibt in mir*

Was einmal war
bleibt in mir
wie auch in Dir
mein Gott

Bilder aus uralter Zeit
in meinem Gedächtnis
Ereignisse vergangener Zeiten
geschrieben in meinen Geist
Das Bild von Vater und Mutter
gemalt auf den Grund meiner Seele
Erfahrungen von gestern
Besitz von heute

Nichts ist vergangen
alles gegenwärtig in mir
wie auch in Dir
mein Gott
Ich bin
Dein Bild und Gleichnis

16 *Den Begriff des Guten hast Du gesät*

Gott
Den Begriff des Guten
hast Du gesät
in meinen Verstand
damit ich das Gute denke

Den Begriff des Wahren
hast Du gesät
in meinen Verstand
damit ich das Wahre erkenne

Den Begriff des Schönen
hast Du gesät
in meinen Verstand
damit ich das Schöne sehe

Den Begriff der Einheit
hast Du gesät
in meinen Verstand
damit ich die Einheit suche

Laß wachsen
Gott
was Du in mich gesät hast

17 *Bis ich ruhe in Dir*

Immer mehr
immer weiter
immer höher
will ich
bis ich ruhe in Dir
mein Gott

Nichts stillt
meinen Durst
und nichts meinen Hunger
nur Du
mein Gott

In allem
in jedem
überall
suche ich letztlich
nur Dich
mein Gott

18 *Dein Verlangen nach Liebe*

Dein Verlangen nach Liebe
lebt in mir
Dein Durst nach Zärtlichkeit
brennt in mir

Wenn ich liebe
liebst Du in mir
Wenn ich brenne
brennst Du in mir
Wenn ich mich bewege
bewegst Du Dich in mir

Göttliches Verlangen
Ich verlange nach Dir
Göttlicher Durst
Mich dürstet nach Dir

19 *Nichts erfinden, was ich nicht lieben kann*

Gott
So viel ich erdenke
  mit meinem Verstand
Ich will nichts erfinden
  was ich nicht auch lieben kann

20 *Menschliche Dreifaltigkeit*

Menschliche Dreifaltigkeit
Erinnerung
  Verstand
    Wille

Göttliche Dreifaltigkeit
Vater
  Sohn
    Geist

Vater
  segne unsere Erinnerung
    damit sie uns heilt

Sohn
  segne unsern Verstand
    damit er uns lehrt

Geist
  segne unsern Willen
    damit er die Liebe wählt

21 *Bring Ruhe, heilender Gott*

Unser Inneres ist aufgewühlt
Bring Ruhe
heilender Gott

Unsere Seele ist zerrissen
Bring Einheit
heilender Gott

Die Kräfte in uns bekämpfen sich
Bring Frieden
heilender Gott

Die Gnade

22 *Jesus Christus*

Wo die Erinnerung schweigt
wo die Bilder tot sind
wo die Vergangenheit verstummt
ist Jesus Christus
Neubeginn und Gnade

Wo der Verstand stumpf wird
wo die Grundbegriffe fehlen
wo man sich nicht mehr versteht
ist Jesus Christus
Wahrheit und Gnade

Wo der Wille fehlt
wo die Sehnsucht verschüttet ist
wo die Liebe leer ist
ist Jesus Christus
Liebe und Gnade

23 *Dein Kreuz durchkreuze mein Leben*

Jesus Christus
mein Nächster und Gott
mein Bruder und Herr
mein Freund und Gebieter

Laß mich Dich suchen und finden
in jedem Wort
in jeder Geschichte
in meinem Leben
im Leben der Welt

Dein Kreuz
durchkreuze
mein Gedächtnis
mein Denken
mein Wollen
und mache alles neu

24 *Reinige mich*

Reinige mich
Heiliger Geist
damit mein Inneres
frei wird von Schuld
und offen für Jesus Christus

Erleuchte mich
Heiliger Geist
damit mein Inneres
hell wird von Wahrheit
und offen für Jesus Christus

Mach mich vollkommen
Heiliger Geist
damit mein Inneres
voll wird von Liebe
und offen für Jesus Christus

25 *Öffne all meine Sinne für Jesus*

Hören will ich
jedes Wort, das Jesus bezeugt
Sehen will ich
jede Tat, die von Jesus erzählt
Schauen will ich
sein Leben und Sterben

Um Hoffnung zu haben und Zuversicht

Heiliger Geist
Öffne all meine Sinne
damit ich begegne
dem Weg
der Wahrheit
dem Leben

26 *Mit aller Hingabe*

Die selbstherrlichen Wege
verlassen
und den Weg Jesu gehen
und das mit aller Hingabe

Die eigenmächtigen Gedanken
aufgeben
und die Gedanken Jesu denken
und das mit aller Hingabe

Die ichbezogenen Ziele
loslassen
und das Ziel Jesu verfolgen
und das mit aller Hingabe

27 *Die Fähigkeit zu staunen*

Jesus Christus
gib mir
die Fähigkeit
zu staunen wie ein Kind

zu jubeln wie ein Engel

zu springen wie ein Hirsch

28 *In Deiner Liebe Wurzel schlagen*

In Deiner Liebe Wurzel schlagen
In Deinem Wort zu Hause sein
In Deinem Tod das Leben finden

Und erkennen
welche Zukunft wir in Händen haben

↗II. 8–14

Der eine Gott

29 *Der Du da bist für uns*

Der Du da bist
für uns
Schau
wie sehr wir gefallen sind
und befreie uns

Der Du da sein wirst
für uns
Nimm weg
unsere Angst vor der Zukunft
und führ uns in Dein Land

Der Du gehst
mit uns
Laß uns spüren
daß Du da bist
und bleib bei uns

30 *Du bist alles*

Du bist alles
Gott
und außer Dir ist nichts
Herr, erbarme Dich

Du bist das Leben
Gott
und außer Dir ist Tod
Herr, erbarme Dich

Du bist die Fülle
Gott
und außer Dir ist alles leer
Herr, erbarme Dich

31 *Der Du viele Namen hast*

Der Du viele Namen hast
in aller Welt
und viele Gesichter
bei allen Menschen
Verlaß uns nicht

Der Du verehrt wirst
in vielen Religionen
und angebetet
auf vielerlei Weisen
Steh uns bei

Der Du eine große Frage bist
in vielen Herzen
und angezweifelt
in vielen Köpfen
zeig Dich

32 *Wir kämpfen mit Dir*

Wir kämpfen mit Dir
ohne Dich zu kennen
in den Nächten unseres Lebens
Laß es Tag werden

Wir hadern mit Dir
ohne Dich zu verstehen
in den Nöten unseres Lebens
Laß die Not vorübergehen

Wir schreien zu Dir
ohne Dich zu sehen
in den Qualen unseres Lebens
Laß die Qualen ein Ende haben

33 *Befreie uns von den Göttern*

Gott
Nur einer bist Du
nicht begrenzt durch andere Götter
nicht eingeengt in Deinem Leben
Einer bist Du und alles

Befreie uns von den Göttern
die Deinen Platz einnehmen
in unserem Leben
in unserer Welt

Befreie uns von der Vergötterung
der Technik
des Geldes
des Staates
des Ichs

Laß uns Dich anerkennen
nicht nur in Gedanken
sondern mit dem Herzen
nicht nur am Sonntag
sondern jeden Tag

34 *Anfang und Ende*

Anfang und Ende
oben und unten
innen und außen

bist Du
mein Gott

Ich suche Dich in allem
und bete Dich an

35 *Stirbst nicht auch Du?*

Stirbst nicht auch Du
im Wald
mein Gott
da Du ihn gebildet hast?

Leidest nicht auch Du
in der Natur
mein Gott
da Du sie geformt hast?

Schreist nicht auch Du
im Schrei der Menschen
mein Gott
da Du sie geschaffen hast?

↗I. 32, 44, 45; II. 16, 19, 20, 22, 23, 39; VI. 48

Der dreifaltige Gott

36 *Du überströmende Quelle des Guten*

Du
überströmende Quelle
des Guten
Ursprung und Anfang
Guter Vater
Wir rufen zu Dir

Du
klarer Spiegel
des Guten
Ausdruck und Ende
Guter Sohn
Wir rufen zu Dir

Du
lebendiger Fluß
des Guten
Umarmung und Mitte
Guter Geist
Wir rufen zu Dir

37 *Du Gott im Himmel oben*

Du
Gott im Himmel oben
    Unbegreiflicher, Ferner
    Vater
Wir beten Dich an

Du
Gott auf der Erde unten
    Begreiflicher, Naher
    Jesus
Wir lieben Dich

Du
Gott in uns
    Begriffener, Begeisternder
    Geist
Wir bezeugen Dich

38 *Liebe, nur Liebe bist Du*

Liebe
    die in sich ruht
Liebe
    die sich verströmt
Liebe
    die sich empfängt
Liebe
    nur Liebe
bist du
    Dreifaltiger Gott

39 *Gott, wir neigen uns*

Gott
Wir neigen uns vor Deinem Geheimnis
vor dem Horizont
der sich uns immer entzieht
vor dem Himmel
der oft schweigt

Gott
Wir neigen uns vor Deinem Wort
vor Jesus
der mit uns geht
vor ihm
der uns immer nahe bleibt

Gott
Wir neigen uns vor Deinem Geist
vor dem Geheimnis
das in uns lebt
vor ihm
der uns zur Liebe drängt

40 *Da Du Gemeinschaft bist*

Da Du Gemeinschaft bist
Heiliger Gott
Stifte Gemeinschaft

Da Du Beziehung bist
Heiliger Gott
Knüpfe Beziehungen

Da Du Wort bist
    Heiliger Gott
    Gib unseren Worten Sinn

Da Du Einheit bist
    Heiliger Gott
    Führe zusammen

Da Du Vielfalt bist
    Heiliger Gott
    Befreie zur Vielfalt

41 *Deine Sorge sei unsere Sorge*

Deine Sorge
    Vater
    sei unsere Sorge
und unsere Sorgen
    seien die Deinen

Dein Leben
    Jesus
    sei unser Leben
und unser Leben
    sei das Deine

Dein Geist
    Liebe
    sei unser Geist
und unser Geist
    der Deine

Gott
Du bist das Meer der Liebe
wir sind der Fluß
und münden in Dir

Du bist die Quelle des Guten
wir sind das Wasser
und fließen zu Dir zurück

Du bist die Sonne des Lebens
wir sind die Planeten
und kreisen um Dich

↗I. 1, 20; III. 35; VII. 20

Das große Fest

43 *Du bist ein Fest für alle Zeit*

(nach der Melodie: „Heilig ist Gott in Herrlichkeit")

Du bist ein Fest für alle Zeit
Du Friede, Freude, Herrlichkeit
Erfülle alle Welt mit Segen
und alle Menschen mit Geduld
Und laß uns jubeln, singen, tanzen

44 *In Dir ist Frieden*

(Kann auch mit dem Anfang der Melodie:
„In Dir ist Freude" [KGB 606] gesungen werden)

In Dir ist Frieden
Durch Dich kommt Frieden
Frieden geht durch uns zur Welt

45 *Gott, schaff die Welt ganz neu*

(nach der Melodie: „Gott in der Höh sei Preis und Ehr")

Gott, schaff die Welt ganz neu und jung
Und gib den Toten Leben
Wir sind das Volk, das Du erwählt
So laß denn Frieden werden
Wir wollen singen, tanzen heut
schon heute Leben haben
mit aller Welt und jedem Ding
in Deiner Liebe. Amen

46 *Ich in Dir*

Ich in Dir
und Du in mir
Die ganze Welt in mir

Du in mir
und ich in Dir
Die ganze Welt in Dir

Die ganze Welt in Dir
und Du in der ganzen Welt
Du in mir

Du in der ganzen Welt
und die ganze Welt in Dir

Ich in Dir

47 *Du – Du – Du*

(nach der Melodie: „Kumbaja, my Lord")

Du, Du, Du, mein Gott, Du, Du, Du (3mal)
Mein Gott, Du, Du, Du

48 *Nur eines bleibt: Du*

Gott
Ich stehe an der Grenze zu Dir
    und kann sie nicht überschreiten
Die Worte sind leer
Die Bilder versagen
Die Begriffe verschwimmen
    Nur eines bleibt
    Du
        Du
            Du

49 *Nur schweigen kann ich*

Nur schweigen kann ich
    vor Deiner Größe
        Gott
Nur schweigen
    schweigen
        schweigen

Register

Die beiden Register sollen den Gebrauch dieses Gebetbuches erleichtern. Ein Stichwortregister enthält die wichtigsten Gebetsmotive. Das Register der liturgischen Elemente möchte das Gebetbuch für den gottesdienstlichen Gebrauch erschließen. Man beachte jedoch auch das Inhaltsverzeichnis, das bereits in Wortgottesdiensten verwendbare Themen enthält. Zudem bezeichnet das Zeichen ↗ am Ende eines Textes oder Kapitels, daß zum gleichen Thema oder zur gleichen Gelegenheit unter den angegebenen Nummern weitere Gebete zu finden sind.

Stichwortverzeichnis

Die Not der Welt

Ich und meine Beziehungen

Ich und mein Glaube

Liturgie

Für den gottesdienstlichen Gebrauch der Gebete muß man vielleicht da und dort eine Änderung im Text vornehmen: z. B. Mehrzahl statt Einzahl.

Litaneien und Wechselgebete:

Im Text sind hie und da Zeilen kursiv gesetzt. Diese Gebete können im Wechsel von Vorbeter und Gemeinschaft gebetet werden. Die kursive Zeile bezeichnet den gemeinsamen Gebetsteil.
I. 6, 11, 23, 28, 32, 33; II. 11, 17, 18, 25, 33, 35, 36, 37, 38, 39, 40, 42, 43; III. 8, 9, 14, 20, 41, 45, 48; IV. 30; V. 18, 28, 29, 33, 34, 37, 38, 40, 43, 44, 45, 47; VI. 3, 4, 7, 10, 15, 32, 40, 42, 46; VII. 6, 8, 10, 30, 31, 32, 36, 37

Taufliturgie: III. 1–7
Taufgelübdeerneuerung: III. 15, 46, 48; VII. 36, 37

Lieder

IV. 6–10, 12, 13, 19, 20, 27, 29, 31–33, 40, 48, 49; V. 13, 25, VII. 43, 44, 45, 47 (Viele Lieder sind auch als individuelle Meditationsgesänge gedacht: als Kehrverse, die man längere Zeit immer wieder vor sich hinsingt)

Elemente für die Eucharistie

Eröffnung: I. 29, 30, 31; II. 43, 46; III. 8; IV. 23, 27; VII. 12, 39, 40
Kyrie (Buße): I. 44, 49; II. 25, 33; III. 22–28; VI. 41; VII. 24, 29, 33, 36
Kyrieruf: III. 9; IV. 30, 35; V. 23, 25, 37; VI. 3, 10; VII. 30
Absolution: III. 27, 28
Tagesgebet: I. 4, 36 (sonntags), 38, 41; III. 10; V. 42; VII. 23, 27, 31
vor dem Evangelium: I. 46; II. 44; VII. 22, 25, 28

Anton Rotzetter bei Herder

Mach´s wie Gott, werde Kind
Weihnachten verwirklichen
96 Seiten, gebunden
ISBN 3-451-23197-2

„Weil Gott Liebe ist, will er eine Schöpfung, die in einem vielfältigen Beziehungsgeflecht durch Liebe geprägt ist. Und mitten drin das Geschöpf, das mit Gott in dieser Liebe konkurrieren kann, weil es gleichzeitig Gott ist: Jesus von Nazaret, das Kind in der Krippe, der Mensch, der sich hingibt! Machs wie Gott." (Anton Rotzetter)

Aus Liebe zum Leben
Die Evangelischen Räte neu entdeckt
2. Auflage, 258 Seiten, gebunden mit Schutzumschlag
ISBN 3-451-23935-3

Die Evangelischen Räte kennzeichnet Anton Rotzetter nicht als Zwänge einer Moral des Verzichts, sondern als Konzentrationspunkte einer Spiritualität des Lebens, die die Zuwendung Gottes in der Schöpfung und im Leben der Menschen zur Entfaltung bringen.

HERDER

Anton Rotzetter bei Herder

Spiritualität und Meditation

Linus Mundy
Das Geh-Betbuch
Wie Beten geht, wenn man geht
Aus dem Amerikanischen von Chr. Heinen
192 Seiten, Paperback. ISBN 3-451-26094-8

Linus Mundy zeigt, wie wie man die vielen Gänge und Spaziergänge, die man täglich ohnehin unternimmt, mit ganz einfachen Mitteln zu Gebeten gestalten kann.

Beatrice Bruteau
Erlebst du, was du glaubst?
Was der Westen vom Osten lernen kann
Aus Amerikanischen von B. Schellenberger
180 Seiten, Paperback. ISBN 3-451-26088-3

Mit Hilfe der fernöstlichen Tradition eröffnet Beatrice Bruteau eine neue, unverbrauchte Sicht auf die christliche Spiritualität. Einsichten, die den eigenen Glauben bereichern und beleben.

Antje-Sabine Naegeli
Du hast mein Dunkel geteilt
Gebete an unerträglichen Tagen
112 Seiten, Paperback. ISBN 3-451-20185-2

„Eine wertvolle Hilfe, um das Gespräch mit Gott auch an Tagen, die uns verdunkelt sind, nicht abreißen zu lassen oder es gerade dann neu zu suchen“ (Fuldaer Zeitung).

Antje-Sabine Naegeli
Die Nacht ist voller Sterne
Gebete in dunklen Stunden
128 Seiten, Paperback. ISBN 3-451-20936-5

Mit großer Sensibilität spricht Antje-Sabine Naegeli Trost zu. Sie widmet ihr Buch in besonderer Weise allen, die Begleitung suchen auf ihrem Weg durch die Nacht.

HERDER

Gebet und Meditation

Anthony de Mello
Von Gott berührt
Die Kraft des Gebetes
7. Auflage, 234 Seiten, gebunden
ISBN 3-451-22539-5

Mutter Teresa / Frère Roger
Gebet
Quelle der Liebe
5. Auflage, 96 Seiten, Paperback
ISBN 3-451-22454-2

Kallistos Ware / Emmanuel Jungclaussen
Hinführung zum Herzensgebet
7. Auflage, 128 Seiten, Paperback
ISBN 3-451-19671-9

Henri J.M. Nouwen
Gebet aus der Stille
Den Weg der Hoffnung gehen
4. Auflage, 96 Seiten
Herderbücherei Band 1668
ISBN 3-451-08668-9

HERDER